100만원으로 시작하는
# 실전 가치투자

투자자 개인수준별 맞춤 가치투자 포트폴리오

# 100만원으로 시작하는
# 실전 가치투자

지윤석 지음

중앙경제평론사

| 머리말 |

# 집필 동기

이 책을 기획하고 집필한 2008년 가을, 대한민국 증권시장은 온통 잿빛이었습니다. 다행스러운 것은 대한민국 국민들은 이미 10년 전에 IMF 외환위기를 겪으면서 국가적인 어려움을 극복한 경험을 모두 가지고 있다는 점이었습니다. 아마도 우리는 죽기 전에 이런 시기를 서너 번은 더 경험할지도 모릅니다.

이렇듯 언제 또 맞이하게 될지 모를 국가적 경제위기에서 살아남기 위해서 개인들은 평소에 자산관리를 철저히 해야 합니다. 개인의 자산관리 방법은 여러 가지 있겠지만, 필자는 자산의 증식이나 장기적인 위기관리 측면에서 가치투자를 주목할 필요가 있다고 봅니다.

어떤 자료를 보니 우리나라의 가치투자자는 5% 남짓이라고 합니다. 그 자료를 보는 순간 저는 안심이 되었습니다. 가치투자가 우리나라 투자의 대세가 아니라고 하니 즐거웠습니다. 앞으로 많은 분들께 가치투자를 전하고, 그분들이 변화하여 새로운 시각으로 투자를 바라볼 생각을 하니 기뻤습니다.

워런 버핏은 세계 1, 2위를 다투는 부자입니다. 가치투자라 불리는 그의 투자법을 많은 사람들이 분석하고 따라 합니다. 하지만 대부분의 사람들이 부러워하는 것은 그의 투자법이 아니라 그의 많은 돈입니다. 몇 백억 달러에 달하는 그의 재산과 그가 투자한 기업에만 주목할 뿐 그가 50년간 살아온 낡은 집이나 20년간 지녀온 낡은 지갑에는 주목하지 않습니다.

정말 중요한 투자비법은 바로 여기에 있습니다. '50년'과 '낡은', 이 두 단어에 워런 버핏의 부의 비밀이 있습니다.


## 오해와 진실

이 책의 제목은 《100만원으로 시작하는 실전 가치투자》입니다. 이 제목을 접한 주변 사람들의 질문은 크게 세 가지였습니다.

1. 직접투자는 위험하지 않을까?
2. 가치투자는 수익률이 낮지 않을까?
3. 100만 원으로 어떻게 가치투자가 가능할까?

　1번에 대한 답은 간단합니다. '간접투자도 위험하다' 가 답입니다. 투자 자체가 위험요인을 내포하고 있습니다. 투자를 남이 대신 해준다고 해서 위험이 줄어들지는 않습니다. 오히려 줄어드는 것은 투자자의 지식입니다.

　2번의 답은 앞에서 말한 워런 버핏입니다. 차트투자나 모멘텀투자 등 다른 투자를 해서 워런 버핏보다 돈을 더 번 사람이 있으면 그 방법을 쓰겠습니다. 워런 버핏은 펀드매니저가 아니라는 둥 한국과 미국은 시장환경이 다르다는 둥 가치투자가 한국 시장에서 안 되는 이유를 몇 가지씩 말씀하시는 분도 있습니다.

　안 되는 이유는 많지만 되는 이유는 단 하나입니다. 큰 부자의 길을 걸어야지 작은 부자의 길을 걸어봐야 작은 부자의 그늘에서 벗어날 수 없습니다. 당신 역시 펀드매니저가 아닙니다. 그렇기에 한국의 버핏이 될 수 있습니다.

　3번의 답은 이 책을 끝까지 읽다 보면 자연스럽게 알게 됩니다.

　이 책은 철저하게 논리와 상식에 근거하여 작성되었습니다. 투자 하나만으로 업(業)을 이룬 투자의 대가들이 말한 투자철학을 양념으로 첨가하였을 뿐, 철저하게 객관적인 시각에서 투자를,

가치투자를 바라보았습니다.

이 책에는 당신을 부자로 만들어줄 '부의 공식' 은 없습니다. 그렇지만 이 책에는 원칙이 있습니다. 일생을 투자로 보낸 투자 구루(Guru)들의 삶과 투자의 원칙이 있습니다.

이 책에는 투자수익률은 없습니나. 이 책에서 소개하는 방식대로 투자하면 단기간에 수백, 수천 퍼센트의 수익률을 올릴 수 있다는 자극적인 약속은 없습니다. 하지만 당신의 투자는 건강해질 것입니다. 단기 수익률 집착에서 벗어나 편안하고 긍정적인 마음으로 '투자생활' 을 할 수 있습니다.

## 이 책의 구성

이 책은 크게 4개의 Chapter로 이루어져 있습니다.

Chapter 01은 간접투자 시장입니다. 저축의 대안으로 자리 잡은 간접투자, 그중에서도 주식형 펀드로 대변되는 펀드투자가 갖는 장단점을 살펴볼 것입니다. 이를 통해 간접투자가 갖는 구조적인 약점을 설명하고, 직접투자가 갖는 가치를 제시할 것입니다.

Chapter 02는 가치투자자의 투자 레시피에 대한 장입니다. 가치투자자들의 투자원칙을 투자주체, 투자객체, 시간 등 3개의 틀로 구분하여 언급합니다. 자칫 투자자산이나 자금 등 투자객체에만 집중되기 쉬운 투자원칙을 투자주체를 중심으로 하여 설명합니다.

Chapter 03에서는 DIY 펀드 만드는 법을 설명합니다. 앞 Chapter에서 언급한 투자원칙들이 투자지표로 구체화되고, 투자지표의 기준을 세워 그에 부합하는 기업을 선택하는 과정을 PISSO 모델로 체계화하였습니다.

Chapter 04는 DIY 펀드를 실제로 운용하는 과정에 대한 노하우를 담았습니다. 처음 집필 의도에는 포함되지 않았으나 실용주의적 사고방식이 실천론 페이지를 쓰도록 하였습니다.

참고로, 앞의 3개 Chapter는 자신감과 원칙으로 무장한 초보 투자자들이 조심스럽게 자신만의 펀드를 만들고 운용하는 과정을 소개한 것입니다.

마치 요리 레시피 서적을 들춰보며 요리를 만들듯 차근차근 설명함으로써 '가치투자는 많은 자금을 필요로 하는 것'이라든가 '가치투자는 일반인이 접근하기에는 어렵고 범위가 넓다'는 선입견을 버리도록 하는 데 주안점을 두었습니다.

저는 이 책을 읽은 분들이 변화하기를 바랍니다. 투자에 대한 새로운 시각이 열려 자신의 투자를 진지하게 고민하고 공부하기를 바라고, 한 번의 투자로 뭔가를 이루기를 바라는 것이 아니라 지속적인 투자생활로 여러분의 삶이 곧 투자가 되길 바랍니다. 여러분의 삶이 더 가치 있고 윤택해지길 소망합니다.

지윤석

# | 차례 |



## Chapter 01   간접투자 시장

# Contents



## Chapter 02  가치투자자의 성공 레시피

# CONTENTS

## Chapter 04   DIY 펀드 실천편

# CONTENTS

부는 지식이다.
−에릭 바인하커

# Warm-up

# 부자가 되는 단계

경제활동을 하는 사람이라면 누구나 부를 갈구하고, 부자가 되기를 꿈꾼다. 하지만 얼마의 자산이 있어야 부자라 불릴 수 있는지는 명확한 기준이 없다. 시대에 따라, 지역에 따라, 개인별로 다른 기준금액이 있기 때문이다. 분명한 건 상속을 받아 부자가 된 사람들을 제외하고 대부분의 부자들은 다음 네 단계를 성실히 거쳐갔다는 사실이다.

### 1단계 : 수입이 소비를 초과한다

버는 돈보다 쓰는 돈이 많으면 단기간에 거지가 된다. 하지만 그 반대라면(시간이 얼마가 걸리든) 부자가 된다. 이 단계를 성취하기 위한 방법은 두 가지다. 수입을 늘리는 일과 지출을 줄이는 일이다.

부자가 되는 과정에서 중요한 점은 하위 단계의 상태를 유지하면서 상위 단계로 가야 한다는 점이다. 간혹 이를 간과하는 사람들이 있다. 그들은 수입이 증가하거나 구입한 자산가치가 상승하면 금세 부자가 된 것처럼 생각하여 지출이 수입을 초과하는 일이 종종 벌어진다.

### 2단계 : 잉여재산을 미래가치로 전환하기 위해 자산을 구입한다

현금은 장롱 속에 넣어두면 이자가 붙지 않는다. 경제감각이 없는 사람들은 돈을 자기 집 장롱 속에 넣어두는 게 가장 안전하다고 생각하지만, 인플레이션이라는 벌레로 인해 현금의 가치는 시간이 지날수록 하락한다. 따라서 가장 안전한 자산 유보는 인플레이션을 견딜 수 있는 자산을 구입하는 것이다.

재산을 은행에 넣어두거나 인플레이션 연동 자산을 사는 것은 소극적인 투자다. 경제활동 기간에 벌어들이는 소득만으로도 노후생활이 가능하다면 그것도 좋은 방법이겠지만 소득이 부족하다면 투자자와 자산, 둘이서 열심히 뛰어야 한다. 특히 시장금리보다 더 높은 수익률을 올릴 수 있는 자산을 구입해야만 원하는 목표를 더 일찍 달성할 수 있다.

### 3단계 : 구입한 자산에서 수익이 창출되며, 수익을 재투자한다

자본에서 발생하는 수익은 이자나 배당소득 등 소극적인 수익(투자자가 자산구입 이후 별도의 노력을 들이지 않고도 수익이 창출되는 경우)과 사업소득 등의 적극적인 수익으로 구분할 수 있다. 어떤 수익이든 간에 복리의 마술을 경험하기 위해서는 발생한 수익을 재투자할 수 있는 길이 열려 있어야 한다.

주식을 100주 샀는데 배당으로 1주 가격에 해당하는 현금을 받았다면, 배당금으로 다시 주식을 사야 그 다음 해에 101주에 대한 배당을 받을 수 있다(복리). 만일 배당으로 받은 1주만큼의 금액을 소비한다면 그 다음 해에는 여전히 100주에 해당하는 배당을 받을 수 있을 뿐이다(단리).

금을 예로 든다면, 금 시세가 올라서(돈당 10만 원에서 11만 원이 되었다) 자산 평가액이 10% 증가하였다. 그 10%의 증가액을 현금화하여 다시 금을 살 수 있을까? 실물을 가지고 있다면 불가능하고, 금 펀드에 가입한 경우는 10%를 찾을 수는 있지만 금에 재투자하기 위해 0.1돈을 사려 해도 이미 금 가격은 1만 1000원이 되어 있어서 재투자의 의미가 없다.

### 4단계 : 비근로소득으로 품위유지가 가능한 상태가 된다

이때를 경제적 은퇴 시기라 한다. 생계유지가 아닌 '품위유지'라 표현한 것은 생계를 유지하는 정도라면 큰 자금 없이도 은퇴가 가능하기 때문이다. 중산층 수준 이상으로 생활하면서 자신과 가족이 원하는 일을 금전적인 고민 없이 할 수 있으려면 '품위유지비'가 필요하다.

부자가 되는 4단계는 전 단계의 생활이 유지되지 않는다면 다음 단계의 생활을 하는 것이 큰 의미가 없다. 아무리 비근로소득이 많아도 1단계의 생활, 즉 수입을 초과하는 소비생활을 하면 부자로서의 생활을 오래 지속할 수 없다. 따라서 각 하위 단계의 생활을 체화하지 못한 채 상위 단계를 학습한다면 효과를 거두지 못한다.

## 부자 4사분면

재산의 정도와 투자지식에 따라 4가지 유형으로 사람들을 구분

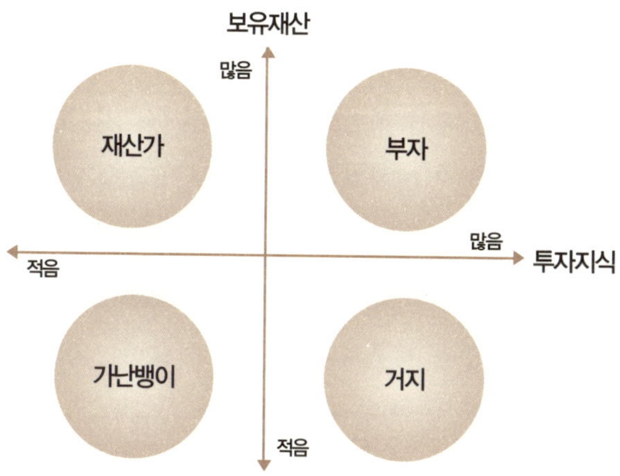


해보았다.

■ 재산가는 경제적인 재산이 많은 사람이다. 하지만 투자지식은 없는 사람이다. 복권에 당첨된 사람, 많은 유산을 상속받은 사람들이 여기에 속한다. 투자지식이 없기 때문에 소비를 줄이거나 자산을 구입하여 재산을 증식하는 것에는 관심이 없다. 화려한 소비로 다른 사람에게 위화감을 조장한다. 간혹 투자를 하기도 하지만 대부분 실패로 끝난다.

■ 부자는 경제적인 재산도 많지만 투자지식이 있는 사람이다. 그들은 재산을 더 불리는 자신만의 기술을 가지고 있다. 그렇기에 투자실패, 경제불황 등으로 인해 일시적으로 거지가 되더라도 그다지 오랜 시간이 걸리지 않아 다시 부자로 복귀한다.

■ 거지는 일시적으로 재산이 없는 사람이다. 거지와 가난뱅이는 돈이 없기는 마찬가지다. 하지만 거지에게 투자지식이 있다면

변화할 수 있다. 특히 부자였다가 거지가 된 경우라면 투자지식이 있기에 그다지 오랜 시간이 걸리지 않고도 부자로 복귀할 수 있지만 가난뱅이에서 학습과정을 거치면서 거지의 단계에 이른 경우는 수많은 시행착오를 거쳐야 부자로 성장할 수 있다.

■ 가난뱅이는 돈도 없지만, 돈을 불리는 기술 역시 없는 사람이다. 한마디로 가난한 상태를 유지하는 사람이다. 번듯한 직장이 있지만 늘 각종 청구서와 부채에 시달리는 사람들도 알고 보면 가난뱅이에 속한다. 이들에게는 직업도 있고, 자동차도 있고, 약간의 예금도 있을 수 있지만, 직업을 잃으면 수익원도 없을뿐더러 새로운 수익을 창출하는 방법도 모른다. 이런 사람들이 퇴직금을 들고 은행이나 증권사에 가서 자신의 재산을 안전하게 굴려달라고 하소연한다. 그러나 자기 재산에 대한 책임은 어떠한 경우에도 재산의 소유자에게 있다. 펀드매니저나 은행 직원의 책임이 아니다.

## 부자처럼 산다는 것

부자가 아닌 사람이 부자가 되려면 부자처럼 살아야 한다. 부자처럼 산다는 것은 TV에서 그려지듯 외제차를 타고 고급 레스토랑에서 식사를 하는 일과는 다르다. 물론 부자가 되면 그런 일을 할 수 있다. 하지만 그런 일을 한다고 해서 부자가 될 수는 없다. 이것은 분명한 사실이다.

부자가 되면 생활수준이 높아진다. 이 명제는 참이다. 이 명제의 역도 참인가? '생활수준이 높아지면 부자가 된다.' 누구나 이 역명제는 참이 아니라고 대답한다. 그러나 이 역명제처럼 사는 사람들이 많다. 그들은 다른 사람에게 무시당하지 않기 위해, 다른 사람의 시선을 의식하여 자기 분수에 맞지 않는 생활을 하며 점점 가난뱅이의 삶으로 가고 있다.

부자처럼 산다는 말은 투자를 한다는 말이다. 모든 부자들은 1%의 예외도 없이 투자를 통해 부를 축적하고 있다. 부동산이든, 사업이든, 주식이든 그들의 지식을 바탕으로 부를 끊임없이 창출하는 부의 공식을 부자들은 가지고 있다.

우리가 이 책을 통해 반드시 알아야 할 것은 바로 이것이다. 부자의 투자지식, 그리고 그것을 습득하는 과정이다. 결코 부자들이 투자한 주식 종목이나 그들이 올린 수익률이 아니다.

롤스로이스를 타는 사람이 지하철을 타는 사람에게 조언을
구하는 곳은 월가밖에 없다.
―워런 버핏

# CHAPTER 01

# 간접투자 시장

부자들의 자금관리 방식이었던 펀드가 직장인의 월급통장에서 자동이체되는 생활필수품으로 자리 잡기까지 오랜 기간이 걸리지 않았다. 낮아지는 은행 금리와 자산운용사의 적극적인 마케팅, 그리고 펀드의 주요 판매기관인 은행의 수수료 수입, 이 세 가지가 맞아떨어지면서 대한민국 펀드시장은 비교적 짧은 기간에 르네상스를 맞게 되었다.

소액으로 우량주를 보유할 수 있다는 희망에 부푼 일반투자자들의 '재테크=적금' 이라는 기존의 투자 마인드를 '재테크=펀드'로 바꾸어놓았다. 은행의 3년 만기 1,000만 원짜리 적금통장처럼 자산운용사의 '3억 만들기 펀드', '부자아빠 되기 펀드' 등 다양한 펀드상품이 등장하기에 이르렀다. 그러다 보니 담뱃갑에 쓰인 의례적인 경고문처럼 원금손실 가능성이 있다는 계약서상의 경고문구는 무감각하게 받아들여졌다.

은행에서 판매하니까, 투자 전문가들이 운용하는 거라고 하니까, BRICs는 우리보다 낫겠지 하는 피상적인 정보와 희망을 가지고 사람들은 너도나도 앞다투어 펀드에 가입했고, 그 결과 1가구 1펀드 시대가 열렸다.

## 은행은 '상품'을 판다

자연에서 살아가는 동물은 과식이라는 말을 모른다. 잉여(surplus)라는 개념도 모른다. 예를 들어 다람쥐는 가을 숲에서 부지런히 도토리를 모은다 해도 그 해 겨울을 날 수 있을 만큼만 모은다. 겨우내 먹다가 남아서 아무 다람쥐에게 줄 만큼, 또는 썩어서 버릴 만큼 과한 욕심을 내어 모으지 않는다. 자연 속 다른 동물들의 생태 역시 이와 크게 다르지 않다.

오로지 인간만이 과식을 하고, 비만이 되고, 잉여를 만들어낸다. 그러한 인간이 만들어낸 가장 위대한 발명품이 '기업'이다. 기업은 이윤추구를 근본 목적으로 한다. 이윤추구를 위해 고객에게 최대한 서비스하고 만족감을 느끼도록 한다.

은행도, 자산운용사도, 보험사도 형태만 다를 뿐 모두 '기업'이다. 이들 기업은 고객에게 다양한 종류의 '금융상품'을 판매한다. 기업은 고객들에게 상품의 장점을 최대한 강조해서 구매하도록 하고 이윤을 획득한다.

또 금융회사들은 광고를 통해 소비자에게 기업에 대한 특정 이미지를 심어주기 위해 노력한다. 그러나 광고문구를 기업이 소비자에게 제공하는 핵심 가치로 착각해서는 안 된다. 기본적으로 기업은 자신의 영리를 추구할 뿐 소비자 개인의 이익창출에는 그다지 관심이 없다. 그들은 자신들이 설정한 기준 안에서 움직일 따름이고, 그 기준을 충족시키기만 한다면 고객도 만족했을 것이라고 간단히 생각한다.

한 예로 증권사에서는 매년 투자대회를 연다. 수익률 상위 입상자에게 포상도 하고, 입사의 특혜를 주기도 하기 때문에 젊은 주식투자자에게는 꽤 솔깃한 제안이다. 하지만 이런 행사의 이면에 숨어 있는 진실을 보아야 한다.

증권사가 노리는 이벤트 효과는 다음과 같은 것들이다.

① 많은 사람들이 증권시장에 관심을 가지고 참여하는 것 ② 사람들이 자주 주식을 사고팔아서 증권사에게 수수료를 많이 지불하는 것이다. 3개월 남짓의 대회기간 동안 상위 입상자는 수백에서 수천 퍼센트의 투자수익률을 올린다.

이러한 사실이 다른 사람들에게 '주식은 자주 사고파는 것'이라든가, '투자는 어려워서 전문가들이 해야만 하는 것'이라는 인식을 심어준다. 수수료 수익도 올리고, 펀드도 많이 판매하고 일석이조의 효과를 올리는 이 행사를 증권사마다 경쟁적으로 하지 않을 이유가 있을까?

또 한 가지 예를 든다면, 은행 창구에서 추천하는 펀드는 정말 수익률이 좋은가? 그렇지 않다. 분명한 것은 그들이 추천하는 펀드의 판매수당이 높다는 사실뿐이다.

어떤 펀드도, 어떤 금융상품도 얼마만큼의 수익을 낸다는 약속을 하지 않는다. 하지만 그 상품을 사면 큰 수익이 날 것 같은 느낌을 받도록 고객을 유혹한다.

이영애가 광고한 화장품을 바른다고 해서 이영애의 피부가 되지는 않는다. 광고 메시지와 실제 상품이 주는 가치를 구분해야 한다. 그렇지 못하면 당신은 가난뱅이의 그늘에서 빠져나올 수 없다.

우리가 왜 투자에 신중해야 하고, 또한 투자상품을 선택할 안목을 길러야 하는지 그 이유는 너무도 분명하다.

## 단기 평가의 딜레마

펀드는 장기 투자를 해야만 비로소 그 성과가 나타난다고 대부분의 자산운용사는 광고한다. 그와 동시에 자사 운용상품의 3개월, 6개월 단기 수익률도 공개한다. 이는 자산운용사만의 문제가 아니다. 자산운용협회도 마찬가지다.

자산운용협회에서는 자산운용사를 선택할 때 고려해야 할 지표로 직전 6개월간의 펀드 수익률을 보고 그 회사의 전체 펀드 중 스타 펀드(상위 3% 이내)가 차지하는 비중을 보라고 하였다.[1] 그렇지만 이들의 제안을 신뢰할 수 있을까?

장기 수익률(3년)이 높은 펀드의 3개월, 6개월 투자수익률은 좋지 못하다. 반대로 3개월 수익률이 높은 펀드는 이후 3년 투자수익률이 높지 않다.

최근 3년간 수익률 상위 펀드의 3개월, 6개월 단기 성적은 코스피 상승률에도 못 미치는 경우가 많았다. 3개월 수익률을 기준으로 할 경우 최근 3년 수익률 상위 20개 펀드 중 코스피 상승률 −14.9%보다 나은 성적을 거둔 펀드는 절반인 9개뿐이었다. 6개월을 기준으로 했을 때도 8개만 같은 기간 코스피 지수보다 나은 성적을 거뒀다.

하지만 기간을 1년, 3년으로 늘려 잡으면 점점 성적이 나아진다. 1년을 기준으로 코스피 지수와 비교해보면 성적이 좋았던 상위 20개 펀드 중 75%인 15개가 코스피 상승률을 웃돌았다. 3년을 기준으로 하면 상위 20개 펀드 수익률은 코스피의 최소 2배 이상이었다.[2]

2004년 3분기부터 분기 수익률이 가장 좋았던 펀드를 1년간 보유했을 경우 수익률을 조사한 자료가 있다.[3] 분기 성적 1등인 펀드가 그 다음 1년 평균보다 나은 성과를 보인 경우는 50%에 불과했다. 동전던지기 확률에 불과하다. 그뿐만 아니라 3년 내내 분기 실적이 꾸준하게 평균 이상을 기록한 펀드는 분석 대상 605개 중 하나도 없었다.[4]

그럼에도 운용사 입장에서는 고객 확보 차원에서 단기 수익률을 발표하지 않을 수 없으며, 펀드매니저는 그 단기 수익률에 의해 밥줄이 왔다 갔다 한다.

## 잦은 이직과 교체

대한민국 펀드매니저는 워런 버핏이 아니다. 최소한 피터 린치 정도는 되어야 하는데 그렇지 못하다. 그저 높은 연봉과 나은 처우에 옮겨다니는 직장인일 뿐이다.

열풍을 일으킨 미국 드라마 〈프리즌 브레이크(Prison Break)〉에서 스코필드 형제는 탈옥을 시도한다. 교도관과 맞닥뜨리자 스코필드 형제는 교도관을 제압하려 하지만, 교도관은 두 형제를 잡으려 하지 않고 뒤로 물러서며 이렇게 말한다.

"시간당 14달러로 영웅이 되고 싶은 마음은 없다."

탈옥수를 잡아야 하는 것이 교도관의 임무이긴 하지만 만일 그 과정에서 생명을 잃거나 크게 다친다면 자신의 손해가 더 크기에 적은 보상을 받고 위험을 감수하고 싶지 않다는 뜻이다.

이처럼 투자성공으로 인해 얻을 보상보다 투자실패의 위험이 더 크다는 것을 모든 펀드매니저들이 알고 있다. 그렇기에 대부분의 펀드는 비슷해진다. 펀드 편입종목도 비슷하고, 펀드의 성격도 비슷하다. 특별히 높은 수익률을 올리기보다는 특별히 높은 손실을 피하고 싶기 때문이다.

실패를 해도 그 경험과 도전정신을 높이 평가하는 사회적인 시스템이 아직 우리 사회에는 갖추어져 있지 않다. 그렇기 때문에 직장인으로서 직업의 안정을 선택하는 펀드매니저들은 투자손실 회피가 투자를 움직이는 큰 원인이 된다. 본인만의 독창적인 투자방법과 투자종목 선정으로 인해 발생할지도 모르는 투자손실은 해당 직장에서 쫓겨날 뿐만 아니라 주홍글씨가 되어 다른 회사로의 이직도 어렵게 하는 대형 악재로 작용할 수 있다. 그렇기에 그들의 투자종목은 서로 닮았다.

또한 아직 시장에서 입증되지 않은 투자종목 편입을 꺼린다. 대형주를 샀다가 손실이 나면 상사가 대형주 탓을 하지만 알려지지 않은 소형주를 편입했다가 손실이라도 나면 그 책임은 고스란히 펀드매니저가 져야 하기 때문이다.


## 운용의 한계

하락장에서 아무리 펀드매니저가 장기 투자를 하고자 해도 투자자가 환매를 요구하면 보유하고 있던 주식을 팔아야 한다. 반대로 상승장에서는 펀드자금이 유입되면 그만큼 사들여야 한다. 상투를 잡는다[5]는 것을 알면서도 사야 하는 것이 운용상의 규칙이다. 약세장에서는 환매를 하고 강세장에서는 추가 매입해야 하는 아이러니는 펀드매니저의 잘못이 아니라 투자자의 투자행태 탓이다.

종목을 선정할 때도 시가총액 및 유동성을 고려하여 선택하기 때문에 실적이 아무리 우수한 기업이어도 시가총액이 작거나 자산 유동성이 확보되지 않으면 매입하지 못하는 문제점이 생기기도 한다.

추가로 유입된 자금이 기존 포트폴리오의 수익률을 훼손하는 경우도 발생한다. 예를 들어 1,000억 원으로 연평균 20%의 수익을 올린 펀드가 있다고 가정하자. 이 펀드에 1,000억 원의 자금이 추가로 유입된다면 기존의 포트폴리오와 동일한 자산을 구성해야 하는데 가격 변동, 수급문제 때문에 동일한 수익률을 내지 못할 수도 있을 뿐만 아니라 전체적으로 수익률 저하를 가져올 수 있다. 자산을 운용한다는 것은 수학문제 풀듯이 정확하게 적용되는 문제가 아니라는 점을 투자자들은 염두에 두어야 한다.

펀드의 보수체계에 불만을 터뜨리는 투자자들이 있다. 수익을 내든 내지 못하든 간에 매년 2~3%의 보수를 가져가는 것이 마음에 들지 않아서다.

이에 대해 자산운용사 측에서는 낮은 수수료가 부실한 자산관리로 이어질 수 있다고 설명한다. 보수비율이 낮아지면 운용비 총액이 줄어들 것이고, 이는 곧 인력 감소로 이어지며 부실한 분석으로 인해 좋은 성과를 올릴 종목을 발굴하지 못할 수도 있다는 설명이다. 또한 부족해진 보수를 충당하기 위해서는 자산총액을 증가시켜야 하는데 그러기 위해서 모험적인 투자가 일어날 수도 있다고 한다.

그러나 높은 보수를 가져가는 펀드의 수익률이 높다는 연구 결과는 어디에서도 찾을 수 없다. 오히려 매우 낮은 보수를 받는 인덱스 펀드[6]의 수익률이 액티브 펀드[7]의 수익률보다 높다는 결과가 곳곳에서 드러나고 있다.

수수료는 확실한 비용이고, 수익은 불확실한 성과다. 불확실성을 줄이기 위해 전문가를 고용하여 자산운용을 맡기는 것이 간접투자의 이유다. 그런데 비용은 확실하게 받으면서 수익률은 불확실하고, 심지어는 수익이 발생할지 여부노 불녕확하다는 것은 투자자에게 불리한 조건이다.

3년 이상 장기 투자하면 수익이 발생한다고 자산운용사는 주장한다. 그러나 엄밀하게 말하면 그 수익은 시간이 자산가치를 상승시켜준 것이지 운용상의 기술에 의해 가치를 증가시킨 것은 아니다. 그래서 벤치마크 지수 대비 초과수익률을 계산하는데, 소위 '시장'을 이기는 펀드는 많지 않다(인덱스 펀드를 설명하는 곳에서 자세하게 언급하겠다).

높은 수수료와 수익 발생 여부의 불확실성이 불만족스러운 투자자라면 채권형 펀드를 추천한다. 수수료도 낮고, 수익 발생 확률은 매우 높다. 수익률까지 높기를 기대해서는 안 된다.

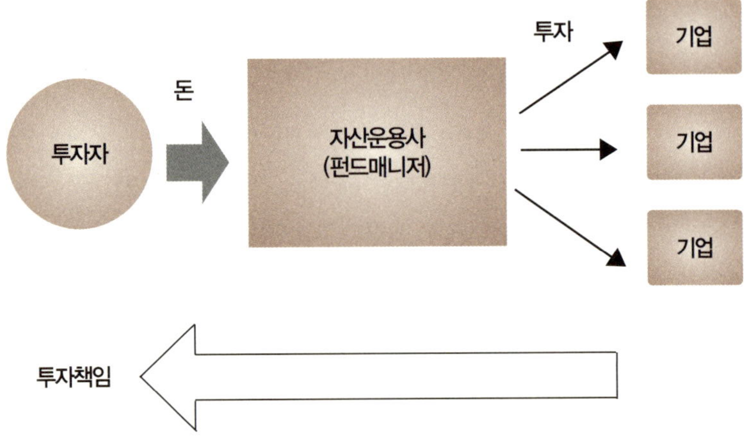


위의 그림은 간접투자를 도식화한 것이다. 투자자가 자산운용
사에 돈을 맡기면 자산운용사는 자산(기업의 주식, 채권 등)을 구입
한다. 실물(원유, 곡물, 금 등)을 기초자산으로 한 펀드는 기업의

자리에 해당 자산이 대신하지만 기본 구조는 동일하다.

자산운용사는 자산을 구입한 후 일정 기간 보유하여 배당수익을 얻거나 시세차익을 거둔 뒤 다시 수익을 창출한다. 하지만 매매손실을 입고 투자수익률이 마이너스로 바뀔 수도 있다. 수익·손실에 대한 별도의 약정(성공보수, 원금보장)이 있지 않는 한 발생한 수익·손실에 대해 자산운용사는 책임을 지지 않는다.


## 펀드매니저는 투자책임이 없다

경영학 책을 보면 대리인 이론(Agency Theory)이 등장한다. 대리인 이론이란 주주가 주인인 회사를 대리인인 전문 경영인이 경영함으로써 발생하는 대리관계를 뜻한다.


### 목표의 차이

투자자는 비교적 장기적인 목표를 가지고 펀드를 보유하지만 펀드매니저는 단기간에 성과를 내기 위해 노력하는 목표의 불일치가 발생할 수 있다.

최근 3~6개월의 수익률을 보고 가입할 펀드를 고르는 신규 투자자의 성향을 맞춰주려면 장기적으로 펀드에 가입하고 있는 기존 투자자의 의지와는 무관하게 단기 수익률에 집착하지 않을 수 없다.

## 정보의 비대칭

투자자가 가지는 정보와 펀드매니저가 가지는 정보는 양과 질이 다르다. 펀드매니저는 투자에서 발생하는 대부분의 정보를 독점하고 있다. 이는 투자자와 펀드매니저 사이의 지식 불균형을 심화시킨다. 간접투자는 투자자들이 투자경험을 보유할 기회를 구조적으로 차단한다.

## 대리인 비용 발생

펀드 운용에 대한 손실책임은 투자자에게 있다. 펀드매니저에게는 경제적인 책임이 거의 없다. 책임이 있다 해도 자리에서 물러나는 간접적인 책임이지 손실금액을 보상하는 직접적인 책임은 지지 않는다.

이러한 구조는 비용을 발생시킨다. 다시 말해 더 모험적인 투자가 이루어질 수 있는데, 이렇듯 투자기준에 적합하지 않은 종목에 대한 투자가 이루어지더라도 펀드매니저에게 책임을 묻기가 어렵다.

이렇듯 펀드에서도 대리인 이론이 성립한다. 펀드의 주인은 투자자지만 자산의 운용은 펀드매니저가 하며, 무엇보다도 투자활동으로 인한 정보가 펀드매니저에게 집중된다는 점이 간접투자 구조에서 발생하는 대리인 이론의 핵심이다.

# 손실이 나도 수수료는 받는다

자산운용사의 수익구조는 안정적이다. 수익이 발생하면 자산의 크기가 커지기 때문에 정률로 계산하는 보수체계에서 보수의 총액은 이전보다 많아진다. 반면 손실이 발생하더라도 금액이 줄어들긴 하겠지만 어쨌든 감소된 자산에서 약속된 비율의 보수를 청구하여 받아갈 수 있다.

이들이 손실책임으로부터 자유로운 이유는 구입자산이 하락해서 손실이 난 것이지 자신들의 운용방식에 문제가 있어서가 아니기 때문이다. 그렇기 때문에 자산운용사는 신규 투자자금을 끌어들이기 위해 많은 노력을 한다.

운용실적이 좋아져서 수익이 늘어나는 경우보다 신규 고객을 한 명 끌어들여야 보수가 더 크기 때문에 판매에 집중하는 경향이 있다. 판매기관에 더 많은 판매수수료 및 판매보수를 주는 것도 이러한 이유에서다(H증권 채권펀드의 경우 연 1.02%의 신탁보수 중 판매보수 0.7%, 운용보수 0.3%다). 판매보수 비중이 높아 '재주는 곰이 부리고 돈은 왕서방이 번다' 는 말도 종종 나온다.

이러한 단점을 보완하기 위하여 소규모 투자자문회사에서는 수수료 체계를 파괴하고 수익이 발생했을 때만 보수를 가져가는 방식을 선택하기도 하는데, 일반적인 일은 아니다.

인터넷 가입을 하거나 인덱스 펀드의 경우 보수수준을 낮추어 판매하기도 하는데 가입 단계에서 고객의 투자성향 및 펀드 운용 성격을 충분히 설명해야 하는 상품의 성격상 대중화되기에는 어려움이 있다.

　만일 판매보수를 줄이기 위해 판매기관을 거치지 않고 자산운용사에서 직접 판매하면 추가적인 마케팅 비용이 발생한다. 그 비용은 판매보수만큼, 혹은 그 이상으로 발생할 수 있다(마케팅 비용은 전적으로 투자자 부담이다). 이미 강력한 금융 유통망을 구축하고 있는 은행 등의 금융기관을 이용하는 것이 자산운용사를 위해서도, 투자자를 위해서도 나은 결정이다.

　판매보수보다 운용보수가 더 높으려면 운용성과가 타 펀드와 비교하여 현격한 차이가 나야 한다. 또한 운용성격이 독특하거나 가입에도 제한이 있는 등 펀드 자체적인 차별성이 있어야 투자자들이 불편을 무릅쓰고라도 가입하고 싶어 한다. 하지만 대한민국의 펀드들은 차별성이 없다. 정교하게 설계된 금융상품이 아닌 이상 다른 자산운용사에서 동일한 펀드상품을 만들 수 있기 때문이다.

　실제로 미국의 투자은행은 고도화된 금융공학을 활용하여 독창적인 파생상품을 만든다. 이를 다른 금융기관에 판매하여 수익을 올리기도 한다. 이로 인하여 극심한 금융위기를 겪기도 했지만 말이다.

## 정보의 비대칭성

　여기까지가 일반적으로 인식하고 있는 간접투자의 단점이다.

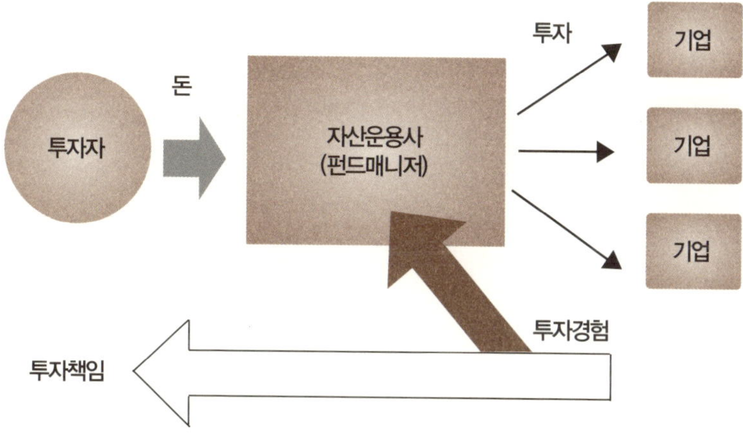


히지민 책임회피와 ~~수수료~~, 이 두 가지 문제보다 더 중요한 문제가 있다. 위의 그림에서 보면 투자책임이 기업으로부터 투자자에게 귀속될 때 중간에 빠져나온 화살표가 있다. 우리는 그것을 주목해야 한다.

투기가 아닌 투자라면 투자과정에서 투자경험이 발생한다. 그 경험은 성공일 수도 있고, 실패한 시행착오일 수도 있다. 그것이 무엇이든 간에 투자로부터 발생하는 지식은 온전히 투자자에게 귀속되어야 한다. 투자자는 성공보다 실패한 투자에서 더 많은 것을 배우기도 한다. 하지만 근본적으로 그럴 수가 없다.

주식형 펀드의 경우 기업에 대한 기본적인 분석과 현재의 경기동향, 주식의 수급상황 등 투자로 인해 발생하는 지식은 투자자에게 주고 싶어도 줄 수가 없다. 하나의 펀드에서 수십 개의 기업에 투자하는데 어떻게 펀드매니저가 그 많은 기업의 정보를 모두 보고서로 작성해서 고객에게 전달할 수 있겠는가?

# 04

# 투자경험(지식)을 배워야 한다

## 지식의 양극화

세계적인 경영컨설팅사 매킨지앤드컴퍼니의 선임고문인 에릭 바인하커는 그의 저서 《부의 원리》에서 '부는 지식' 이라고 하였다. 돈을 쌓는 것보다 지식을 쌓는 것이 초기 투자자에게 더 중요하다. 일시적으로 물고기를 많이 잡는 것보다 물고기 잡는 법을 잘 배워야 좋은 어부가 될 수 있는 것처럼 말이다.

하지만 간접투자에서는 배울 수가 없다. 배운 것이 있다 하더라도 그저 '이 펀드는 수익률이 좋아/나빠' 정도다. 좀 더 열의 있는 투자자라면 편입종목의 리스트 정도는 얻을 수 있을 것이다. 펀드의 편입종목을 아는 것, 수익률을 체크하는 것이 과연 좋은 투자자가 되는 데 어떠한 긍정적인 효과를 미칠지는 의문이다.

간접투자는 투자지식을 펀드매니저에게 빌리는 행위다. 그러나 투자의 모든 결과는 투자자에게 돌아간다. 게다가 판매수수료 및 각종 보수비용까지 자산운용사에게 지불해야 한다. 펀드매니저가 투자로 인해 수익을 내거나 손실을 입더라도 투자자 본인이 얻는 경험은 극히 미미하다. 오히려 투자로 인해 발생하는 모든 경험과 지식은 자금을 운용한 펀드매니저 및 자산운용회사에 귀속된다.

펀드 운용자가 펀드 투자자를 대신하여 기업 경영에까지 참여하게 되는 펀드 자본주의는 오히려 자본주의를 왜곡시킨다는 의구심을 낳는다.

개인의 재산이 증가하면 재산을 불리는 기술도 그와 함께 늘어나야 한다. 펀드를 통한 간접투자 방식은 개인의 재산이 증가하더라도 부를 늘리는 지식은 증가하지 않는다.

한국은 부의 양극화가 아닌 '지식의 양극화'가 벌어지는 모습을 보이고 있다. 최근 서울대학교의 신입생 중 강남 출신(강남구, 서초구, 송파구, 강동구)이 12.4%를 차지하며, 특목고 출신도 21.9%나 된다.[8]

집안이 '좀 되는' 자녀들이 더 좋은 교육기회를 얻는 지식의 불평등 현상이 나타나는 대표적인 예라고 할 수 있다. 교육에 투자할 여력이 있는 상류층 가정 자녀들이 더 좋은 교육을 받고 더 좋은 대학에 합격한다. 부의 대물림이 아니라 '지식의 대물림'이 된다. 더 이상 '개천에서 용이 날' 수 없는 서글픈 현실이다.

# 지식을 얻기 위한 투자

다행히 투자를 가르치는 교육기관은 아직 없다. 아마 앞으로도 없을 것이다. 그렇기에 아직 부자가 아닌 사람은 다행이라 생각할 것이고, 부자들 역시 다행이라 생각할 것이다. 부자가 되는 정규 교육과정이 없으니 아무나 부자가 되어 자신의 부의 가치를 손상시키지 않을 것이기 때문이다.

결론은 단 하나다. 직접투자를 해서 투자지식을 얻는 방법밖에 없다. 투자가 갖는 가치는 자산증식뿐 아니라 투자지식을 배울 수 있다는 데 있다. 고기를 잡는 방법은 고기 잡는 책만 읽는다면 알 수 없다. 그러므로 주식투자법에 관한 책만 본다고 해서 투자를 잘할 수는 없다. 시행착오를 겪으며 배우는 실전지식이 무엇보다 중요하다.

간접투자는 분명히 부를 쌓기 위해 필요한 투자방식이긴 하지만 투자자에게 돌아오는 투자지식이 없다는 단점이 있다. 맞을 매는 미리 맞는다는 심정으로 투자 초가부터 원금손실을 무릅쓰고 직접투자를 하면 좋겠지만, 무림고수가 즐비한 강호에 단검 하나 들고 나서는 것처럼 초보 투자자에게는 버거운 일로 보인다. 하지만 워런 버핏은 11세에 주식을 사들이기 시작했다.

간접투자와 직접투자를 병행하든, 과감히 직접투자로 빠져들든 그것은 여러분의 몫이며 선택이다. 이 책은 간접투자로는 부자가 될 수 없다고 주장하지는 않는다. 간접투자가 필요한 사람이 있다. 간접투자의 가치는 결코 폄훼될 수 없다. 그러나 직접투자를 통해 얻는 지식과 가치는 간접투자에서 얻는 것과는 비교할 수 없이 크다는 사실을 말하고 싶을 따름이다.


## 보행기에서 일어나라

초보 투자자를 어린아이에 비유하면 간접투자 상품은 보행기다. 아기가 엎드려 기다가 일어나서 걸으려면 어설픈 걸음을 도와줄 보행기가 필요하다. 바퀴가 달린 보행기는 훌륭한 걸음마 선생이 된다. 하지만 보행기 사용은 걸음마를 배우는 초기로 국한되어야 한다. 넘어지는 것이 두렵다고 보행기 안에서만 걸을 텐가?

간접투자자가 갖는 가장 큰 위험은 원금손실이 아니라 바로 학습 부족이다. 간접투자를 통해서는 배울 수 있는 것이 없다. 간접투자를 하지 말라는 말이 아니다. 어린아이가 스스로 걷기 위해서는 반드시 보행기가 필요한 것처럼, 투자자가 종잣돈을 마련하고 기본적인 투자학습을 하는 기간에는 간접투자가 필요하다. 그러나 그 다음에는 스스로 일어나야 한다. 실패를 두려워해서는 안 된다.


넘어지지 않고서는 걸을 수 없다.
수영장 물을 먹지 않고서는 수영을 배울 수 없다.
거절을 당해보지 않고서는 물건을 팔 수 없다.

간접투자는 우리에게 부에 관해 아무것도 가르쳐주지 않는다
는 사실을 지금까지 살펴보았다. 그렇다면 직접투자를 통해 무언
가를 배워야 한다. 그저 자산을 샀다가 장기간 보유하는 것만으
로는 투자지식이 생기지 않는다. 지식을 쌓기 위한 노력이 있어
야만 비로소 투자자의 투자지식으로 쌓인다.

## 방법은 많다

직접투자의 대상은 자산이다. 자산의 범위는 다음과 같이 다양
하다.

■기초자산 : 부동산, 외국환, 금, 원유, 곡물, 원자재(철, 구리),

보석, 와인, 물, 미술품 등

■ 기업에서 발생하는 증권 : 주식, 채권, 우선주, 자산유동화증권, 신주인수권부사채, 전환사채 등

■ 기초자산 및 증권에서 파생되는 상품 : 선물, 옵션, ELS, ELW 등

위의 예 외에도 투자대상으로서 자산의 종류는 무궁무진하다. 넓은 범위에서 창업, 자신의 발전을 위한 일(유학, 여행, 교육 등)도 투자로 분류할 수 있다. 대상이 무엇이든 현재가치(현금, 시간)를 투입하여 미래에 가치 있는 것으로 전환할 수 있다면 그것은 투자로 보아도 무리가 없다.

부자가 되기 위해, 투자지식을 얻기 위해서는 종잣돈이 있어야 한다는 고정관념은 버려라. 맨몸으로 연간 수십·수백억의 매출을 올리는 개인이 늘고 있다. 스포츠 스타, 연예인, 작가, 전문 경영인 등의 새로운 부자들은 종잣돈 없이도 얼마든지 많은 돈을 벌고 있다. 이들의 투자는 투자(投自)다(3장의 '투자대상'에서 더 구체적으로 설명하겠다).

앞에서 언급한 대로 수많은 자산이 있지만, 이 책은 주식 분야의 직접투자로 한정하여 설명할 것이다. 투자의 형태는 다양하지만, 그 기본 원리는 동일하다. 어떤 자산의 투자든 부의 창출원리를 배운다면 다른 분야에도 적용할 수 있다.

다른 수많은 자산 중에서도 주식을 초보 투자자들에게 권하는 이유는 큰돈이 없어도, 단돈 1만 원만 있어도 투자를 할 수 있기 때문이다. 투자금액의 많고 적음과 투자를 통해 배우는 양은 아

무런 관계가 없다. 오히려 적은 금액으로 배울 수 있기 때문에 부담 없이 투자를 접하고 친숙해질 수 있다는 장점이 있다.

## 가치투자 VS 차트투자

주식을 사기 위해서는 주식이 무엇인지 알아야 한다. 주식은 기업의 소유권을 아주 작게 나눈 증서다. 소유권은 기업의 운영에 참여할 권리와 이익을 배분받을 권리를 포함하며, 주식을 구입한 금액만큼의 책임(유한책임)을 가진다.

다시 말해서 기업이 도산하면 투자자가 가지고 있던 주식만 가치가 없어질 뿐 그 이상의 책임(기업의 부채를 떠맡는다거나 하는 책임)은 지지 않는다.

주식은 기업의 가치와 주식에 대한 수요·공급 등 다양한 요인에 의해 가격이 결정된다. 그 가격 결정은 주식시장에서 이루어지며, 주식시장에서는 기관, 개인, 외국인 등의 다양한 투자주체가 1,800여 개 기업의 주식을 사고판다.

모든 투자자의 야망은 주식을 싸게 사서 비싸게 파는 것이다. 언제 사야 싼지, 언제 팔아야 비싸게 파는지에 대해 투자자들은 주식시장이 문을 연 이래로 끊임없이 고민하고 또 고민하고 있다. 사람마다 지문이 다르듯이 주식을 사고파는 방법도 사람마다 모두 다르다.

그 수많은 방법들 중 장기간에 걸쳐 비교적 높은 투자수익률을 올린 투자방법 두 가지가 일반인에게 소개되었는데 바로 차트투자와 가치투자다.

차트투자는 주가의 변동궤적, 즉 차트를 분석의 기본으로 삼는 투자다. 이를 기술적 분석이라 한다. 가치투자는 기업의 실적을 분석의 기본으로 삼는 분석방법으로 기본적 분석이라 한다. 각 분야의 전문가들은 저마다 자신의 투자법이 옳다고 주장한다. 그리고 다른 투자법은 틀렸다고 한다.

몸에 좋다는 음식이 셀 수 없을 정도로 많은 것처럼 기본적 분석에서는 알아야 하는 사항도 셀 수 없을 정도로 많다. 기본적 분석을 해야 한다는 전문가에게 그런 사항을 다 분석하고 매매하냐고 물어보라. 만일 그렇다고 대답하는 전문가가 있다면 그는 거짓말을 하는 것이다.[9]

베스트셀러 《주식강의》의 저자이자 사법·행정·외무고시 3관왕에 빛나는 고승덕 변호사의 주장이다. 그는 기술적 분석의 가치를 주장하는 사람이다. 그는 기본적 분석의 약점을 이렇게 이야기한다.

"첫째, 기본적 분석은 하나의 요인을 분석할 때마다 전문지식이 필요하다. 주식시장을 분석하려면 경제학에 관한 전문적 지식이 필요하고, 개별 종목을 분석하려면 상당한 수준의 회계학 지식이 필요하다. …… 기본적 분석이란 개미에게 눈으로 달을 보고 지구에서 달까지의 거리를 계산하라는 것과 같다. …… 우리가 구할 수 있는 경제지표와 회계자료는 현재의 것이 아니라 오래된 자료다.

둘째, 기본적 분석이 실전에서 도움이 되지 않는 근본적 이유는 주가 선행의 법칙을 간과하는 점이다. …… 기본적 분석은 개미가 할 수도 없고, 할 필요도 없다. 기본적 분석에 입각한 사고를 버려야 주식투자에 성공한다. …… 개미가 주식투자에서 손실을 입었다면 기본적 분석을 하지 않았기 때문이 아니라 기술적 분석을 하지 않았기 때문이다. 기술적 분석을 아는 것은 돈이 되지만 기본적 분석을 하는 것은 병이 될 수 있다. 기본적 분석보다 기술적 분석이 우선이다."[10]

유럽의 전설적 투자자인 앙드레 코스톨라니는 차트투자에 대해 이러한 의견을 밝혔다.

"차트 애용자들은 지그재그 운동의 작은 커브까지 놓치지 않고 이용해 미래의 곡선이 어떨지 예견하려고 한다. 그들은 앞에서 언급한 패턴을 이용해 이미 곡선의 어느 지점에서 주식을 사고 어느 지점에서 팔아야 하는지를 정한다. …… 물론 차트를 이용하는 사람도 여기저기서 흐름을 읽을 수 있다. 증권시장의 경주에는 위로 달리는 말과 아래로 달리는 말, 오직 이 두 마리 말밖에 없다. 차트가 있든지 없든지 확률상 맞는 예언은 할 수 있다.

차트를 신용하는 사람의 가장 큰 불행은 처음에 차트를 이용해 한 번 성공하면 그 후로는 차트 맹신자가 된다는 것이다. …… 저녁에 돈을 좀 따면 기분이 부풀 대로 부풀어서 자신들이 '백발백중 정확한' 수학적 규칙을 발견했다고 생각한다. 그러나 새벽 3시경이 되면 몇 푼이라도 구걸해 다시 시작해보겠다고 나선다. 대부분의 차트 숭배자는 그런 부류의 사람들이다."[11]

차트투자자와 가치투자자는 이렇듯 서로의 투자방법에 대해 부정적인 견해를 보인다. 그러나 그들은 양자의 투자에 공통점이 있다는 사실은 인정한다. 그 공통점은 다름 아닌 '과거의 정보를 바탕으로 현재의 투자판단을 내린다는 점'이다. 차트투자자가 과거의 차트를 보고 투자판단을 하는 것이나, 가치투자자가 기업의 과거 실적을 보고 투자판단을 하는 것은 과거의 정보를 이용한다는 점에서는 동일하다.

반면 그들 사이에는 건너지 못할 커다란 간격이 있다. 차트는 일정한 패턴으로 반복되며, 주가에 모든 정보가 포함되어 있기에 주가 그 자체가 기업의 가치라고 차트투자자들은 주장한다. 그러나 시장은 비효율적이며 과도하게 반응하기 때문에 주가는 고평가되거나 저평가될 수 있고, 그럼에도 주가는 궁극적으로는 기업의 가치로 수렴해간다고 가치투자자들은 주장한다.

시장이 효율적이어서 모든 정보가 주가에 담긴다고 생각하는 부류가 차트투자자이고, 시장은 비효율적이지만 본질가치를 향해 나아간다고 생각하는 부류가 가치투자자다.

이러한 논쟁을 정리하기 위해 객관적인 자료 하나를 인용하겠다. 한국금융연수원에서 발간한 자산관리사(FP) 자격시험 대비 도서에 언급된 기술적 분석에 대한 가정과 한계점은 시사하는 바가 크다.[12]

## 기술적 분석의 기본 가정

1. 증권의 시장가치는 수요와 공급에 의해서만 결정된다.

2. 시장의 사소한 변동을 고려하지 않는다면, 주가는 지속되는 추세에 따라서 상당 기간 동안 움직이는 경향이 있다.
3. 추세의 변화는 수요와 공급의 변동에 의해 일어난다.
4. 수요와 공급의 변동은 그 발생 이유에 상관없이 시장의 움직임을 나타내는 도표에 의해 추적될 수 있다.
5. 도표에 나타나는 주가모형은 스스로 반복하는 경향이 있다.

**한계점**

1. 과거의 추세나 패턴이 그대로 반복된다는 가정은 비현실적이다.
2. 동일한 주가양상을 놓고도 어느 시점이 주가 변화의 시발점인가는 해석이 각각 다를 수 있다.
3. 시장의 변동에만 집착하기 때문에 시장이 변화하는 원인을 분석할 수 없다.

개인적인 의견을 밝히자면 나는 가치투자를 신뢰한다. 가치투자를 신뢰하는 이유는 단 하나다. 바로 '배당'이다. 사과나무를 가지고 있다면 나무를 팔아서 돈을 벌 수도 있지만, 사과나무의 사과를 수확해서 돈을 벌 수도 있다.

주가는 오를 수도 있고 내릴 수도 있다. 이 점은 두 유형의 투자자들도 인정하는 부분이다. 그러나 오르든 내리든 돈을 버는 방법은 오로지 배당밖에 없다. 그래서 나는 기술적 분석을 크게 신뢰할 수 없다. 기술적 분석에 대해 기술한 어떠한 책에서도 배당을 고려한 투자방법이 언급된 내용을 읽지 못했다.

차트투자자가 생각하는 시장의 기본 가정은 '시장은 제로섬 게임(정해진 파이를 나눠 먹는 게임, 승자가 있으면 패자가 존재함)'이다. 그러나 시장은 제로섬 게임이 아니다. 폭탄 돌리기 같은 제로섬 게임의 마지막 주자가 든 폭탄이 터지면 마지막 주자는 다른 투자자들을 위한 희생양이 된다.

그러나 주식의 경우는 다르다. 주식은 마지막에 가지고 있는 사람이 배당을 받는다. 수익률의 높고 낮음에 관계없이 주식의 근본에는 이익을 창출하는 기업이 있기 때문에 기업에서 이익을 창출하는 한 주식시장은 플러스섬(Plus-sum) 게임이다.

## 자신에게 맞는 옷을 입자

그렇다고 가치투자만이 정답이라고 생각하지도 않는다. 만일 모든 사람이 가치투자를 한다면 주가는 3개월에 한 번 정도 움직인다. 반대로 모든 사람이 차트투자를 한다면 주가는 변동폭이 매우 커진다. 양자의 투자법이 공존하는 가운데 각자에게 맞는 투자법으로 투자했을 때 비로소 투자는 빛을 본다.

역사적으로도 기술적 분석을 통해 많은 부를 일군 투자자들이 있다. 미국 주식시장의 대표적인 주가지표인 '다우존스 지수'를 만든 찰스 다우도 기술적 분석을 이용한 투자자였다. 또한 윌리엄 오닐은 기본적 분석과 기술적 분석을 혼합한 CAN SLIM 모델이라는 투자모델을 창안하여 1998~2002년 5년 동안 350.3%(같은 기간에 S&P500 지수는 –8.3%)의 투자수익률을 올리기도 했다.[13]

가치투자를 한다고 해도 가치투자자들의 투자방법이 모두 동일한 것은 아니다. 존 보글-엄밀히 말하면 가치투자자라 하긴 어렵다-은 시장 전체를 사들이는 인덱스 펀드를 세계 최초로 개발하여 뱅가드 펀드를 전 세계 1위 규모의 펀드로 만들기도 하였다.

성장주 투자로 유명한 필립 피셔는 그의 투자 포트폴리오에 10개 정도의 기업만 포함시킨다. 그중 4~5개 기업의 투자비중이 70% 이상일 정도로 투자집중도가 높다. 그는 기업을 자주 방문하여 경영자를 만나고, 마케팅 역량이나 인적 자원의 가능성에 주목하는 등 질적인 기업분석에 집중한 사람이다.

세계적인 부자 워런 버핏은 또 다른 투자법을 가지고 있다. 주식을 사는 것이 아니라 사업을 산다고 생각하고 주식을 산다. 기업의 가치가 훼손되지 않은 이상 주가가 낮아지면 낮아질수록 안전마진이 높기 때문에 꾸준히 매입하고 결국에는 그 기업을 완전히 소유해버린다. 워런 버핏은 그런 생각으로 '가이코'라는 보험회사의 경영권까지 보유했다.

그런가 하면 기업을 하나하나 분석하지 않고도 기업의 실적자료만 가지고 투자하여 시장수익률을 초과한 사람도 있다. 오펜하이머 앤드 컴퍼니(Oppenheimer and Company)와 트위디, 브라우니(Tweedy, Browne)가 그러하다. 이들은 기계적인 가치 포트폴리오(저PBR[14]나 저PER[15] 주로 포트폴리오 구성)를 구성하여 시장 전체보다 높은 실적을 냈다. 1975년부터 2000년까지 S&P500 지수는 연 16.1%의 수익을 기록했다.

같은 기간에 오펜하이머 캐피털 대형주 가치 종합지수는 연간 17.4%, 트위디, 브라우니의 보통주 포트폴리오는 연간 20.4%의 수익을 기록했다.[16]

사례를 찾아보면 찾아볼수록 투자자만의 독창적인 투자법이 눈에 띈다. 어느 누구도 다른 유명 투자자의 투자법을 차용하여 부자가 된 사람은 없었다.

유일한 예외가 있다면 워런 버핏이다. 그는 대학에서 벤저민 그레이엄을 만났고, 그기 운영하는 투자회사에서 일하면서 그의 투자법을 자세히 배웠다. 그러나 그의 투자법-워런 버핏이 정식으로 자신의 투자법에 대한 책을 집필한 적이 없어서 100% 확실하지는 않다-은 벤저민 그레이엄의 증권 가치분석 방법과 필립 피셔의 질적 분석 방법을 결합한 투자법으로 보인다.

청출어람(靑出於籃)이라고, 버핏은 두 사람의 투자법을 화학적으로 융합하여 앞선 스승의 실적을 모두 뛰어넘는 투자성과를 거두었다. 이러한 사실은 이제 투자를 시작하는 초보 투자자들에게 많은 시사점을 제시한다.

한 가지 경계해야 할 것은 여러 투자자들의 성공원칙을 종합하다 보면 남의 깃털을 꽂은 까마귀 꼴이 될 수 있다는 점이다. 어느 투자자는 분산투자가 안전한 투자방법이라고 한다. 하지만 또 다른 투자자는 분산투자가 오히려 위험을 증가시킨다고 한다.

어느 투자자는 PER가 낮은 주식이 좋다고 하고, 다른 누구는

별 효과가 없다고 한다. 이 사람 말을 들으면 이 말이 맞는 것 같기도 하고, 저 사람 말을 들으면 저 말이 맞는 것 같은 혼란이 올지도 모른다. 그래서 그런 잡종 투자법은 아예 권하지 않는다.

한 사람의 투자법을 익히는 것은 대단히 의미 있는 작업이다. 한 사람의 투자법을 완전히 익힐 수만 있으면 그 사람이 이룬 투자성과 그 이상을 이룰 수 있다. 왜냐하면 그때보다 세계 경제는 더 성장했기 때문이다.

한 방향으로만 달리기를 하면 한 사람만 일등이지만, 여러 방향으로 달리면 모두가 일등이라는 말이 있다. 오로지 한 가지 투자법으로만 모든 사람이 투자한다면 누구도 부자가 될 수 없다. 하지만 자신만의 투자법을 가지고 투자를 한다면 투자에 참여하는 모든 사람이 부자가 될 수 있다. 시장은 플러스섬 게임이기 때문이다.

## 카핑 베토벤(Copying Beethoven)

〈카핑 베토벤〉이라는 영화가 있다. 아그네츠카 홀란드 감독이 2006년 제작한 영화인데, 주인공인 '안나 홀츠'가 베토벤 9번 합창교향곡의 악보를 연주용으로 베끼는 과정에서 천재성을 발휘해 베토벤이 잘못 표기한 음을 간파하고 스스로 고쳐 그려 넣는 내용이 있다.

내가 제안하고 싶은 투자공부의 첫 번째는 바로 '성공한 투자자 따라잡기', 즉 '카핑 베토벤'이다. 한 사람의 투자대가를 선정하고 그가 쓴 저서 등을 통해 그의 삶, 투자원칙, 투자종목 등을 완전히 벤치마킹하는 것이다.

한 사람의 성공한 인생을 따라가다 보면 뜻밖에 재미있는 사실을 발견하게 된다. 우리가 세계 최고의 투자자라고 알고 있는 워런 버핏도 21세에 주유소를 매입했다가 순자산의 20%를 잃은 적도 있고, 43세 되던 1973년에는 주가하락으로 개인자산이 50% 이상 감소하기도 하였다. 또 1985년 버크셔 해서웨이(Berkshire Hathaway) 섬유사업 철수, 2001년과 2005년 재해로 인한 보험사업부 손실 등 그에게 성공기록만 있는 것은 아니다. 워런 버핏도 인간이고, 실패를 딛고 일어났을 뿐 어떤 신적인 능력을 타고난 것은 아니다.

성공한 투자자가 투자한 분야나 기업은 그 종목마다 이유가 있다. 그 이유는 그가 평생을 고수한 삶의 철학에서 비롯된다. 가치투자자들이 유틸리티 기업이나 사양산업에만 투자한다고 비판하는 사람들이 있다. 눈을 감고 곰곰이 그 시대를 상상해보자. 1920년대에는 그런 기업이 지금의 신세계나 월마트 같은 우량기업이었다. 그들은 유틸리티 기업을 산 것이 아니라 우량한 기업을 사들인 것이다.

'우량'에 대한 해석은 시대마다 다르겠지만 그가 그 시대에 선택한 결정의 이면에 숨어 있는 열쇠들을 하나씩 담아나가는 데서 '카핑 베토벤'의 큰 기쁨을 느껴보길 바란다.

참고로 나는 워런 버핏의 말을 따랐다. 그가 A로 시작하는 기업부터 분석하라고 해서 A. J. 제이콥스처럼 상장기업 분석 책을 'ㄱ'부터 'ㅎ'까지 읽은 적이 있다. 그 경험은 나를 정신적으로, 경제적으로 성장시켰다. 그 이야기는 뒤에서 다시 하겠다.

### 비잉 베토벤(Being Beethoven)

카피를 열심히 하다 보면, 당신이 생각하는 것이 곧 그가 생각하는 것이 되는 시기가 있다. 비로소 당신은 공간과 시대를 초월하여 투자대가인 '베토벤'이 된 것이다.

그가 살았던 시대와 당신이 살고 있는 시대는 시간·공간적으로 다르기 때문에 투자환경도, 방법도 다르다. 그가 말한 것을 카피만 한다면 얻을 것이 아무것도 없다. 하지만 카피가 수준급이 되면 글의 행간을 읽을 수 있다.

주어진 질문에 대한 답변을 읽는 단계에서 벗어나 예견되지 않은 질문에 답을 할 수 있는 단계에 이르게 된다. 스스로 창조해내기 시작하라. 만일 그 대가가 지금 이 시대에 살고 있다면 어떠한 결정을 내렸을까 상상하고 답을 찾다 보면 그것이 곧 당신의 대답이 된다.

### 오버 베토벤(Over Beethoven)

그 다음은 그를 뛰어넘는 것이다. 스스로 기업을 분석하고 투자를 판단하면서 자신의 이론이 가진 약점을 보았을 것이다. 그것을 보완하면서 자신만의 독창적인 세계를 만들어라.

발라드의 황제로 불리는 가수 신승훈은 데뷔하기 전 대전의 카

페에서 모창 가수로 유명했다고 한다. 그의 뛰어난 가창력과 감수성은 유명한 선배 가수들을 카피하면서 생겨난 것이다. 그는 카피를 넘어서 자신만의 음악세계를 창조했고 10여 년이 넘도록 독보적인 인기를 누릴 수 있었다.

기업 전체를 보유할 생각이 아니라면 단 한 주도 보유하지
마라.
-워런 버핏

# CHAPTER 02

# 가치투자자의 성공 레시피

## 투자와 투기

가치투자의 대가인 벤저민 그레이엄은 투자에 대해 이렇게 정의했다.

"투자는 철저한 분석하에서 원금의 안전과 적절한 수익을 보장하는 것이고, 이러한 조건을 충족하지 못하는 행위는 투기다(An investment operation is one which, upon thorough analysis promises safety of principal and an adequate return. Operations not meeting these requirements are speculative)."[17]

문장에 사용된 단어의 순서가 투자에서 중요한 영역을 말한다. 첫 번째는 '철저한 분석(thorough analysis)'이다. 그 다음이 '원금의 안전(safety of principal)'이고, 마지막이 '적절한 수익(an adequate return)'이다. 마지막에 언급한 것은 '투기(speculation)'

다. 이를 그림으로 표현하면 위와 같다.

투자와 투기는 일란성 쌍둥이다. 투자하는 대상이나 자금 등 외형만으로는 차이점을 발견할 수 없다. 현재의 확실성이 미래의 불확실성으로 이동한다는 점에서는 양자가 동일한 탓이다.

그러나 위의 그림처럼 투자의 가까이에는 분석이 있다. 반대편의 투기 곁에는 수익이 있다. 투자는 수익을 중시하지 않고, 투기는 분석하지 않는다고 생각하면 안 된다. 이 그림은 상대적 강조 비중이다.

투자는 수익보다는 분석을 중요하게 여기며, 투기는 분석보다는 수익을 더 중요하게 생각한다. 투기적인 거래를 설명하는 책에도 '분석'은 있다. 그러나 그 분석은 수익을 합리화하기 위한 분석이지 분석 자체로 수익이 발생하는 것은 아니다.

> **가치투자자가 수익보다 원금의 안전을 더 중시하는 이유**
>
> 가치투자자들은 30%의 이익에서 얻는 기쁨보다 30%의 손실에서 얻는 심적·재정적 고통을 더 크게 느낀다. 예를 들어 100만 원 원금이 30% 손실을 입으면 70만 원이 된다. 70만 원이 다시 원금 100만 원이 되려면 42.8%의 수익률을 올려야 한다. 마찬가지로 반 토막(−50%) 난 펀드통장이 원금을 되찾으려면 100%의 수익률을 올려야 한다. 손실률 5%가 수익률 5%보다 아픈 이유다.

수익률에 기반을 둔 분석은 투기적인 영역이다. 그러나 분석에 기반을 둔 수익은 투자다. 어떤 투자를 소개한 책이든 이 세 가지를 눈여겨보라. 분석, 안전, 수익, 이 세 가지 중 어느 부분을 강조하고 있는지 말이다.

## 투자는 후천적으로 배우는 것

투자는 분석을 전제로 한다. 따라서 뛰어난 분석능력은 원금의 안전도 지켜줄 뿐 아니라 적절한 수익을 보장한다. 분석하는 능력은 100% 후천적으로 개발하는 능력이다.

워런 버핏은 숫자에 대한 감각이 뛰어난 것으로 소문 나 있다. 그런 그도 수십 년 동안 기업의 사업보고서를 검토하여 생긴 감각일 뿐이다.

음악 천재나 공부 천재는 있어도 투자 천재는 없다. 부동산 재벌 도널드 트럼프도 사업에 망한 적이 있고, 워런 버핏도 투자실패를 경험했다. 하지만 그들은 모두 실패를 딛고 일어섰다.

## 투자를 쉽게도, 어렵게도 생각하지 마라

말하기도 듣기도 어려운 전문용어를 남발해야 투자지식이 있는 것은 아니다. 다른 사람에게 투자를 가르칠 사람이 아니라면 전문용어에 익숙해지지 않아도 된다. 오히려 초보자를 가르치는 사람이라면 전문용어를 쉽게 풀어 설명할 수 있어야 한다.

어떤 전문가는 가치투자를 하기 위해서는 전문적인 회계, 경제 지식이 있어야 한다고 하지만 개인적인 경험으로는 결코 그렇지 않다.

경영학의 진입장벽은 다른 학문에 비해 그다지 높지 않다고 생각한다. 나는 대학에서 문학을 전공하였고, 9개월 동안 경영학을 공부해서 경영학과 대학원에 진학했다(1999년 대학원 입학 당시에는 경영학원론, 마케팅, 재무관리, 인사관리, 회계학, 생산관리, 국제경영 등 7개 과목 필기시험을 보았디).

더욱 재미있는 것은 대학원에서 배운 경영학 지식이 투자를 공부하는 데는 거의 도움이 되지 않았다는 사실이다. 경영학은 기업 관리자를 육성하는 학문이지 투자자나 사업가를 육성하는 학문은 아니기 때문이다.

ROE니 PER, EPS 같은 투자지표나 투자용어는 반나절만 공부하면 알 수 있다. 그 다음에는 지속적인 학습만이 필요하다. 버핏은 IQ 25만 되면 투자할 수 있다고 했다. 그만큼 어렵지 않다는 이야기다.

기업의 기본적인 원리를 이해한다면 투자에 필요한 데이터를 취사선택할 수 있다. 데이터 중에는 자신의 투자법에 부합하지 않는 불필요한 투자지표들이 있다. 그런 것들을 무시할 수 있는 자신감만 있으면 된다.

## 투자는 삶이다

투자는 일회적인 행위가 아니다. 한 번만 투자하고 그 투자수익이 평생을 먹고 살 만큼 나오는 투자안이 있다면 당장 그렇게 하라. 그런 투자는 투기다. 투자는 평생을 두고 지속되는 삶의 여정이다.

나는 이를 투자생활이라 부른다. 우리는 소비생활이란 말을 자주 한다. 하지만 투자생활이란 단어를 쓰는 사람은 거의 못 봤다. 일상적으로 자기 주위의 투자기회를 분석하고, 더 효율적으로 지출하여 수익을 얻는 것. 그것이 현명한 소비생활을 넘어서는 현명한 투자생활이다.

## 투자는 습관이다

투자가 생활의 일부분, 아니 생활 그 자체가 되려면 습관이 되어 있어야 한다. 습관은 반복된 행위다. 의식적이든, 무의식적이든 반복하는 행위다.

최근에는 '습관'이란 단어를 자주 보게 된다. 《이기는 습관》이라는 책도 있고, 《대한민국 20대, 재테크에 미처라》도 있다. 이 책들은 모두 습관의 중요성을 언급하고 있다. 아주 작은 습관이 삶에 큰 영향을 미치기도 한다.

남을 돕는 습관이 사업에 도움이 된 경우도 있다. 《육일약국 갑

시다》에서 저자인 메가스터디 김성오 대표는 육일약국을 운영하
던 시절, 수재의연금 50만 원을 냈다고 한다. 방송국에서 모금을
시작하자마자 1등으로 기부한 것이었다. 덕분에 TV 뉴스에 수억
원의 의연금을 낸 대기업 회장과 대등한 비중으로 보도되어(모금
첫날이라 큰 기부를 한 사람이 없었다고 한다) 50만 원으로 약국 홍
보를 톡톡히 할 수 있었다고 한다.

투자는 일상적인 습관이 되어야 한다. 장을 보면서 어떤 제품
이 잘 팔리는지, 어떤 매장에 손님이 많은지 확인한다든가, 늘 책
과 신문을 가까이 하는 것, 수입의 일부를 투자하는 것 등 삶 속
에 투자습관이 녹아 있어야만 투자를 자연스럽게 할 수 있다.


## 투자는 인내가 필요하다


유럽의 전설적 투자자 앙드레 코스톨라니는 투자를 2×2=5-1
이라는 식을 사용하여 정의했다. 2×2를 하여 우리 예상과는 다
른 5라는 숫자가 나오더라도 얼마의 시간이 흐르면 -1이 나타나
서 원하던 결과인 4에 도달하니까 인내심을 가지고 기다리라는
것이다.

이 표현을 좀 바꾸어보자. 우리는 2×2는 4라는 답을 예상한
다. 그런데 5는 4보다 크니까 우리의 예상보다 더 많은 5라는 숫
자에 반가워하지 않을까? 그 후에 -1을 하여 정답에 다가간다면,
잘 모르는 사람들은 5라는 잘못된 답이 나왔을 때 재빨리 팔아버

리면 초과수익을 얻을 수 있지 않을까 오인할 수 있다.

나는 이 식을 조금 변형시킨다. 2×2=3+1로 말이다. 2×2는 당연히 4라는 답을 기대하게 한다. 그러나 막상 결과는 3뿐이다. 이에 실망하고 손절매한 뒤 다른 투자대상을 찾는 사람은 또 다른 투자에서 3이란 결과를 얻고는 재차 실망한다. 그러고는 '역시 투자는 개미가 할 것이 못 돼'라고 자책하며 투자의지를 꺾어버린다.

코스톨라니가 강조하고자 한 것은 결과가 아니라, −1 혹은 나의 변형식처럼 +1이 생길 때까지 기다릴 수 있는 인내다. 당장 연산 결과가 자신의 생각대로 나오지 않더라도 진득하게 자신이 원하는 대로 투자대상이 변화하기를 기다리는 인내만이 개미가 할 수 있는 유일한 투자의 마법이다.

## 투자는 현재가치를 미래가치로 전환하는 것

인간은 한 치 앞도 내다볼 수 없다. 그럼에도 불구하고 미래를 보려고 애를 쓰고, 그렇게 노력한 결과 정착된 것이 바로 투자다. 내일 무슨 일이 일어날지 아무도 모른다. 내일의 주가가 오를지 떨어질지는 단지 50%의 확률뿐이다. 그러나 5년, 10년 후의 일은 맞힐 수 있다. 그것이 분석의 힘이다.

지금 열 살짜리 꼬마의 얼굴을 보라. 내일 이 녀석이 어떤 일을 저지를지는 아무도 모른다. 하지만 이 녀석이 10년쯤 지나면 얼

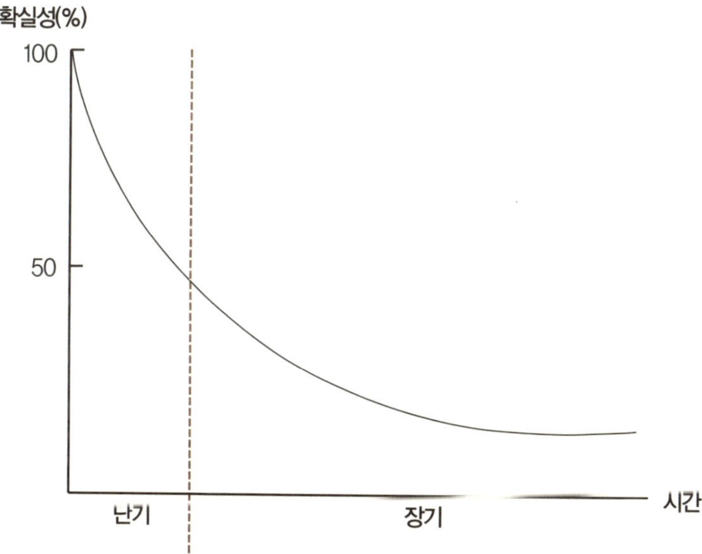



굴에 거뭇거뭇한 수염도 나고, 변성기도 지나면서 건장한 청년의 모습을 가질 것은 경험으로, 상식으로 안다.

위의 그래프는 시간과 확실성에 관한 그래프다. 확실성은 시간이 경과하면서 낮아지지만 단기는 장기보다는 높은 확실성을 가진다. 따라서 확실성이 높은 단기 투자를 사람들은 선호한다. 경제학의 유동성 선호이론(Liquidity Preference Theory) 역시 현재가치의 확실성을 선호하는 인간의 심리에서 발전하였다.

그림을 조금만 더 자세히 들여다보자. 확실성 감소 그래프는 짧은 기간 안에서는 급격하게 감소한다. 반면 일정 기간이 경과한 장기 그래프는 완만하게 감소한다. 이를 투자와 연관시키면, 단기 투자의 확실성은 높지만 변동성은 크다는 시사점을 얻는다.

반면 장기 투자는 확실성은 낮다. 그러나 변동폭이 작기 때문에
상대적으로 안정적이라는 결론을 얻는다.

철저한 분석을 바탕으로 투자대상을 장기적으로 운용한다면
수익률은 안정적이라는 뜻이다. 투자는 수익률 게임이 아니라 철
저한 분석을 바탕으로 미래 안정성을 확보하는 행위라는 투자의
정의를 상기하기 바란다.


## 투자는 요리다


투자는 요리를 하는 것과 같다. 우선은 좋은 재료를 준비해야
한다. 그 다음 정해진 순서대로 조리하는 것이 중요하다. 조리시
간이 오래 걸리는 재료를 먼저 조리하고, 그 다음에 금방 조리되
는 부재료를 넣고, 마지막에 맛을 더하는 조미료를 넣는 것이 순
서다.

갈비찜에는 갈비만 들어가는 것이 아니다. 갈비 맛을 내기 위
해서는 대추, 밤 등의 부재료도 필요하고, 일정 시간 조리하지 않
으면 맛이 우러나지 않는다. 무엇보다 중요한 요리의 레시피는
'손맛'이다. 아무리 좋은 재료가 있어도 만드는 사람의 정성이
들어가지 않으면 좋은 요리가 완성될 수 없다.

투자도 마찬가지다. 그저 '좋은 기업'만 있다고 투자가 되는 것
이 아니다. 주식을 가지고 투기하는 사람들도 얼마든지 있다. '좋
은 투자자'가 되어 '좋은 주식'을 '적절한 타이밍'에 구입하여

‘충분한 시간’을 들이는 것. 이것이 바로 좋은 투자의 시작이자 끝이다.

투자를 요리에 빗대었다 하여 투자를 배우려면 유명 투자회사에서 근무해야 하는 것 아니냐고 질문할 사람도 있을 것이다. 음식점에서 조리를 배울 때 우선 청소, 재료 손질 등 허드렛일부터 배우지만 투자는 그럴 필요가 없다.

그저 요리를 만들어보면서 자신이 실패한 요리에 무엇이 잘못되었는지 반성하는 것으로 충분하다. 처음부터 먹음직스러운 요리를 한다면 정말 좋겠지만, 라면을 끓이는 것이 아니라면 한두 번의 실수는 당연한 과정으로 받아들이는 인내가 필요하다.

투자를 성공으로 이끄는 마법을 소개한다. 옆의 그림에서 당신에게 부족했던 것을 찾아보기 바란다. 어떤 이들은 지식이 부족하다 생각하여 간접투자 상품만 구입하거나 줄곧 대박 종목만 찾아다니다가 정보의 끄트머리만 듣고 투자하기도 한다.

투자는 요리와 같다고 했다. 투자주체, 투자객체, 시간은 각각의 재료다. 각 재료들은 정확한 양과 순서를 지켜야 한다. 재료 중 하나가 빠져도, 하나가 너무 많이 들어가도 제 맛이 나지 않는다. 각각의 투자요소들이 조화를 이룰 때만이 투자는 성공할 수 있다.

투자주체는 글자 그대로 투자자 자신이다. 직접투자를 해야 하는 이유는 앞에서도 언급했듯이 투자자에게 돌아오는 투자경험 때문이다. 간접투자가 만족스럽지 못한 이유도 투자주체가 배제된 투자이기 때문이다.

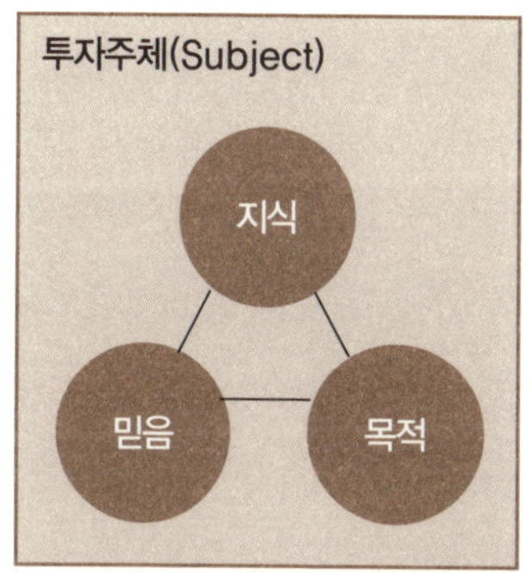

투자주체는 투자자의 지식, 믿음, 투자목적으로 구성된다. 지식은 투자주체에게 매우 중요한 요소이기는 하지만 많이 아는 것만으로는 만족스러운 투자를 할 수 없다. 지식을 행동으로 옮길 수 있는 믿음이 있어야 하며, 그 행동에 분명한 목적이 담겨 있어야 원하는 방향으로 나아갈 수 있다.

투자객체는 투자자원과 투자자산으로 구성되어 있다. 투자자가 투자성과를 내기 위해 투입할 수 있는 것은 돈만이 아니다. 투자자가 통제할 수 있는 모든 유·무형의 재화가 투입자원이 된다. 투자자산은 우리가 일반적으로 알고 있는 부동산, 금, 원자재 등의 실물자산과 기업을 기초자산으로 한 채권, 주식 등의 증권자산으로 구분한다.

무엇보다 중요한 투자요소는 바로 시간이다. 시간은 누구에게나 동일하다. 그 공평한 시간이 투자를 만나면 마술을 부리기 시작한다. 그것은 바로 '복리'의 마법이다. 모든 가치투자자가 입을 모아 그 중요성을 말하는 것도 시간이 유일하다.

차트를 보고 하는 투자든, 기업실적을 보고 하는 투자든 간에 모든 투자는 위의 조건들을 갖추고 있다. 투자를 잘 모르는 사람들은 투자종목만 잘 선택하면 좋은 투자성과를 올릴 수 있다고 생각한다. 그것은 큰 오산이다. 대부분의 투자실패의 원인은 투자자에게 있다. 그것을 모른 채 투자대상만 탓한다면 투자자는 결코 발전할 수 없다.

# 지식

## 아는 분야에 투자하라

"창피해서 누구한테 말 안 한 건데, 사실 나도 엄청나게 투자에 실패한 일이 있어요."

'투자철학' 에 대해 얘기하던 박현주 미래에셋 회장이 빙긋이 웃더니 갑자기 한마디 툭 던졌다.

"뭔지 궁금하죠?"

궁금하지 않을 수 없다. 현재 박 회장이 이끄는 미래에셋 그룹의 주식형 펀드는 총 26조 원. 우리나라 전체 주식형 펀드(85조 원)의 약 3분의 1을 맡아 굴리는 펀드업계의 거인이다. 남들 다 돈을 잃던 IMF 때도 채권·선물투자로 큰돈을 벌었고, 불과 10년 만에 금융 그룹을 만들어낸 그의 수완으로도 크게 실패한 투자가 있었다니.

어느 맑은 봄날, 바람에 이리저리 휘날리는 나뭇가지를 바라보며 제자가 물었다.
"스승님, 저것은 나뭇가지가 움직이는 겁니까, 바람이 움직이는 겁니까?"
스승은 제자가 가리키는 것은 보지도 않은 채 웃으며 말했다.
"무릇 움직이는 것은 나뭇가지도 아니고, 바람도 아니며, 네 마음뿐이다."
– 영화 〈달콤한 인생〉 중에서 이병헌의 내레이션

"혹시 2000년에 원금손실을 본 '박현주2호' 펀드인가요?"라고 물었더니 그는 "그것보다, 내 돈까지 넣은 개인적인 투자에서 정말 뼈아프게 후회하는 투자가 있어요"라고 대답한 후 맞은편 벽을 가리켰다. 회장실 벽에는 운보 김기창 화백의 필체가 살아 있는 커다란 '바보산수'가 한 점 걸려 있었다.

"아주 좋은 그림이죠? 저게 회사가 산 게 아니라 제 개인 그림 가져다 걸어놓은 거예요. 30대 초중반이던 1990년대 초에 새로운 투자처로 생각한 게 미술품 투자였어요. 내 돈뿐 아니라 주위에서 20억 원을 끌어 그림투자를 했죠."

물론 가짜 그림에 속은 것도 아니고 충분히 조사를 해서 정말 좋은 그림에 투자를 했지만 투자는 대실패. 가격이 오르고 떨어지는 것은 고사하고 아예 팔리지 않았다. 그를 통해 그림을 산 사람들이 "당신 돈으로 그림을 되사달라"고 이야기하기 시작했고, 그는 자책

했다. 10년이 훨씬 지난 최근에 그림 값이 많이 올라 원금 정도는 된 것 같지만, 당시 20억을 주식에 투자했다면? 아파트에 투자했다면?

"그때 배운 게 있습니다. 잘 모르는 데 투자하면 안 된다는 것입니다. 그림 애호가들이 그림을 소장하고 싶어 하는 마음은 존중하고 또 존경합니다. 그러나 돈벌이로 그림투자를 하면 안 됩니다. 왜냐하면 그림은 객관적인 데이터가 없습니다. '예술품' 이잖아요. 가격 데이터가 있다고 하지만, 가격은 데이터가 아니에요. 그렇게 투자해서는 안 되는 곳을 정확히 판단해야 한다는 것이 저의 투자철학입니다."

–조선일보 2007년 10월 13일자

천하의 박현주 회장도, 워런 버핏도 투자하지 않는 분야가 있다. 그것은 바로 '자신이 모르는 분야' 다. 그 때문에 워런 버핏은 마이크로소프트의 주식을 가지고 있지 않다.[18] 또한 그는 기술주나 제약주를 가지고 있지 않다. 같은 이유에서다.

'책 한 권 읽은 사람이 책 열 권 읽은 사람을 이긴다' 는 속담이 있다. 무식하면 용감하다는 말이다. 잘 모르니까 용감해진다. 주식 상승기에는 아기 둘러업은 가정주부도 증권가에 등장한다지 않는가. 그러면 바로 상투를 잡는다. 집 전세금을 들고 와서 주식에 투자하겠다고 하고, 남의 돈을 빌려와서 투자하겠다고 한다.

최근 들어 이런 모습이 줄어들긴 했지만 이보다 무서운 사람들이 있다. 어설프게 아는 사람들이다. 직장인 중 주식투자 한두 번

안 해본 사람은 없다고 한다. 그들과 이야기를 나눠보면 가끔 소름이 끼칠 때가 있다. 부정확한 정보를 너무 철석같이 믿고 있기 때문이다.

증권사나 기업에서 발표하는 추정이익이나 목표주가를 철석같이 믿는 사람, 자기가 개발한 투자법이 있는데 그것만 있으면 100% 수익을 낸다는 사람, 내년 종합지수는 얼마라고 예언하는 사람 등 수많은 투기꾼을 보면 가슴이 답답해진다.

이들은 처음에는 수천만 원의 종잣돈을 들고(그것도 자기가 모은 돈이 아니라 부모로부터 받은 돈이 대부분이다) 주식을 거래하다가 하한가를 몇 번 맞으면 수백만 원으로 줄어든다. 줄어든 금액을 만회하기 위해 미수거래를 하다가 이것마저도 손실을 입는다.

마지막으로 갈 수 있는 곳은 선물옵션 분야다. 수십, 수백만 원의 돈으로 수십, 수백 배의 수익을 올릴 수 있는 마지막 분야가 선물옵션이라고 하기에 이들은 무작정 그 시장에 들어가고, 그 후로는 소식이 끊긴다.

투자의 시작은 분석이다. 분석을 통해 지식이 쌓이고 그 지식이 믿음을 낳는다. 투자성과가 그다지 좋지 못한 사람은 본인이 주로 지식을 쌓는 경로를 다시 한 번 검토해볼 일이다. 신뢰하지 못하는 곳으로부터 전달된 지식은 좋은 투자성과를 낳지 못한다.

### 정보의 바다에서 헤엄치기

우리 주변에는 너무나도 많은 '전문가'들이 있다. 특히나 주식투자 분야는 전문가들로 인산인해를 이루고 있다. 이들이 제공하는 정보는 한도 끝도 없다. 신문기사, 증권사 리포트, 기업 발표 자료, 개인 투자자들의 분석자료, 각종 루머 및 정보 등 한 기업의 주변을 둘러싸고 있는 정보는 거의 무한할 정도로 많다.

정보에 집중하는 사람이라면 그렇게 생각하는 것도 무리가 아니다. 정보는 데이터를 가공하여 나온 자료다. 따라서 1개의 데이터라도 10명의 사람에게 전달되면 10개, 혹은 그 이상의 정보가 탄생한다. 기관, 개인, 차트투자자, 가치투자자, 긍정론자, 부정론자 등 얼마나 많은 투자성향과 가치관을 가진 투자자들이 모인 곳이 주식시장인가.

정보는 늘 투자자들이 먹기 좋은 형태로 가공되어 온다. 따라서 고민하지 않고도 투자자들은 정보를 손에 쥘 수 있다. 한 가지 명심해야 할 것은 투자에 관련된 정보는 정보 생산자 외에 모든 사람이 정보에 의해 손해를 볼 수 있다는 점이다.

소위 말하는 작전주 정보는 "이건 너한테만 알려주는 고급 정보인데……" 하는 귓속말로 전달이 시작된다. 그 정보를 만든 사람이 100의 이익을 얻는다면, 정보 생산자가 직접 전해주는 첫 번째 정보 소비자는 10의 이익을 창출할 가능성조차 불투명하다.

우리는 정보의 바다에 둘러싸여 있는 무인도에서 살고 있다고 생각해야 한다. 목이 마르다고 바닷물을 그대로 마시면 갈증이 더 심해지고 결국은 죽고 만다. 시간이 걸리고 양이 적더라도 바닷물을 증류시켜 민물로 만들어 마셔야 한다. 아니면 우물을 직접 파야 한다.

정보는 그대로 받아들이지 말고 잘 분별해서 받아들여야 한다.

신문기사를 보더라도 기사가 100% 진실일 것이라 믿지 마라. 그 기사의 유효기간은 다음 날 신문 발행시간 전까지다. 다음 날 신문에는 또 다른 기사가 실리기 때문이다. 그저 '아, 이 사람(기관)의 견해는 이렇구나' 하는 정도로만 받아들이면 충분하다.

## 지식은 사람에게 있다

데이터(Data)➡정보(Information)➡지능(Intelligence)➡지식(Knowledge)

정보는 데이터를 가공한 것이다. 정보는 무한히 많아 보이지만 정작 그 정보를 구성하는 데이터는 많지 않다. 기업의 데이터는 유한하다. 비영리기관의 발표자료, 기업의 분기별 실적과 공시 이외에 신뢰할 만한 데이터는 없다(만일 정정 공시가 잦거나 회계자료에 신뢰가 가지 않는 기업이라면 투자검토를 즉시 그만두고 다른 기업을 찾아라. 기업은 1,800개나 더 있다).

명심해야 할 점이 있다. 신문의 칼럼이나 인터뷰 기사 등은 데이터가 아니다. 기업 CEO의 인터뷰 기사를 보고 그 기업 CEO에 대한 신뢰가 생겨 투자를 결정했다는 사람을 만난 적이 있다. 그 후 몇 개월도 지나지 않아 그 기업의 대표이사는 횡령 혐의로 구속되었다.

인터뷰 기사의 생산과정을 생각해보자. '대표의 말+데이터 마사지(기업의 좋은 지표만 강조한)된 보도자료+기자의 사적인 견해+광고주' 로서 기업과 언론의 관계=CEO 인터뷰 기사가 탄생한다.

■ 데이터(Data)

데이터는 가치를 갖지 않는다. 가치 중립적이라고도 하는데, 예를 들면 삼성전자가 2008년 1/4분기에 2조 원의 이익을 냈다는 사실은 데이터다. 이는 투자에 긍정적인 영향도, 부정적인 영향도 끼치지 않는다. 이러한 데이터가 여러 개 모이면 가치를 가진다.

삼성전자가 직전 분기에 1조 원의 이익을 냈다는 데이터 하나를 더하자. 그러면 이 데이터들은 정보가 된다. '삼성전자 이익이 2배로 성장했다' 는 가치를 갖는다(삼성전자에 투자해야겠구나). 그런데 시장조사 기관에 의하면 같은 기간에 시장은 5배로 성장했다고 한다. 그렇다면 그 정보는 새로운 가치를 갖는다(삼성전자 말고 더 높은 이익성장률을 낸 회사를 찾아 투자해야겠구나).

■ 정보(Information)

정보는 만들어내는 사람에 따라 얼마든지 상반된 견해가 생겨날 수 있다. 마치 사진을 찍을 때 사실을 일부만 확대하여 사진사가 원하는 입장을 부각시키는 사진을 만들어낼 수 있는 것처럼 말이다.

앞의 두 가지 데이터만 인용하여 얼마든지 삼성전자를 투자매력이 높은 기업으로 만들 수도 있고, 세 번째 데이터를 추가하여 성장이 부진한 기업으로 묘사할 수도 있다.

우리는 일반적으로 데이터로부터 정보가 만들어진다고 알고 있다. 그러나 실제로는 반대의 경우가 더 많다. 기업에 대한 입장

(긍정 혹은 부정)이 먼저 결정된 후 그것을 뒷받침하는 데이터만 수집하여 자신의 주장을 강화하는 모습을 우리 주변에서 쉽게 볼 수 있다.

■ 지능(Intelligence)

정보가 외부 세계와 결합하면 지능이 된다. 우리 주변에는 지능형 가전제품들이 많다. 일정 온도가 되면 자동으로 작동하는 에어컨, 빨래에 남아 있는 세제의 농도에 따라 헹굼의 횟수를 조절하는 세탁기 등이 대표적인 예다.

주식시장에도 인간이 설정한 조건에 따라 주식을 거래하는 프로그램 매매가 있다. 이렇듯 인간이 판단한 정보를 실천하는 기계들은 점차 증가하고 있다.

그렇지만 기계가 내놓은 답이 항상 옳지만은 않다. 데이터 및 작동조건 등은 인간이 입력하기 때문이다. GIGO라는 말이 있다. 'Garbage In, Garbage Out'의 약자로서 쓰레기가 입력되면 쓰레기가 나온다는 뜻이다. 지능형 장치가 제 기능을 발휘하려면 그것을 설계하고 작동하는 사람의 능력 역시 중요하다.

1997년부터 2003년까지 인간과 컴퓨터 간의 체스 대결이 세간의 이목을 집중시킨 일이 있었다. 세계 체스대회 우승자들과 대결한 IBM사의 딥블루는 체스 말의 경로를 1초에 2억 가지나 읽을 수 있는 능력을 가지고 있어 자기 차례가 되었을 때 14수 앞을 내다보고 체스를 두었다고 한다.

결국 컴퓨터의 우세로 대결은 막을 내렸지만 아무도 기계가 인간을 앞질렀다고 생각하지 않는다. 왜냐하면 딥블루의 프로그래머는 미국의 체스 게임 챔피언 조엘 벤저민이었다. 그의 체스 실력과 수천만 건의 체스 게임 데이터가 결합된 승리일 뿐이다. 다시 말해 체스를 둔 것은 컴퓨터가 아니라 두 사람의 체스 선수였다. 컴퓨터는 단지 프로그래머가 정한 알고리즘에 따라 데이터를 검색하고, 그중 최적 경우의 수를 선택하여 적용했을 따름이다.

### ■ 지식(Knowledge)

지식은 정보를 집적하여 이루어진 것이다. 지식은 "정보를 특정한 업무달성에 응용하는 능력"이라고 피터 드러커는 말했다. 또한 그는 기계가 대신 해줄 수 있는 것은 노동이고, 책에는 지식이 아니라 정보가 담겨 있다고 하며, 지식은 인간에게 속한 고유한 것이라 말하기도 했다.

아무리 좋은 투자 프로그램이 개발되었다 할지라도 인간의 투자를 따라올 수는 없다. 인간은 주어진 정보를 가공·분석하는데서 벗어나 새로운 정보를 창출하는 지식을 기반으로 하기 때문이다.

2008년 베이징 올림픽에서 금메달을 딴 야구대표팀의 김경문 감독을 보자. 그는 믿음의 야구라는 자신만의 야구철학을 가지고 있었다. 그는 부진한 성적을 내던 이승엽을 꾸준히 중심 타선에 기용했고, 결국 이승엽은 준결승과 결승전에서 결정적인 홈런을 치는 수훈을 세웠다. 지능형 컴퓨터가 감독이었다면 결코 그런 결정이 나올 수 없다.

지식을 활용하는 직업을 가진 사람들은 공급이 몰려 경쟁이 심화될지언정 자신의 직종이 사양화될 걱정은 하지 않아도 좋다. 설령 사양화된 직종에 종사하더라도 자신의 일을 지식화한다면 얼마든지 자신의 가치를 높일 수 있다.

LG전자에는 1년에 8개월씩 해외를 돌아다니는 사람이 있다. 구미전자공업고등학교 졸업 후 28년째 구미공장에서 일하고 있는 생산직 사원 허수식 계장은 LG전자가 외국에 공장을 세울 때마다 제일 먼저 달려간다. 그리고 일류 대학 나온 엔지니어들이 공들여 설계한 생산라인을 하루아침에 뒤집고, 생산성에 방해되는 직원을 인사조치하라고 해외 법인장에게 통보한다. '공산당'이며 '깡패'라고 아우성이 자자하지만 아무도 못 말린다. 그가 한두 달 있다 가면 생산성이 두 배 이상으로 오르기 때문이다.

허 계장은 LG전자에서 생산직 최고 등급인 '기성(技成)'으로 불린다. 최연소(42세)로 '대한민국 기술명장' 칭호를 받았다. 경북 성주 빈농 출신인 평범한 생산직 직원이던 그를 이렇게 바꾼 것은 '꿈'이었다.

"1987년 노사분규가 한창이었던 때 노조 대의원을 하고 있었어요. 늘 스트레스를 받던 차에 어느 날 꿈을 꾸었는데 스님이 나타나 아무 말 없이 목탁만 두드리는 겁니다."

꿈에서 깨어난 허 계장은 '스님이 가장 잘하는 것은 목탁을 두드리는 일이고 내가 가장 잘할 수 있는 일은 전자기기 생산'이라고 꿈풀이를 했다. 그날부터 TV 수리와 설계를 독학으로 마스터했다. 또

한 회사 논문대회에서 최우수상을 받고 난생 처음 해외여행도 갔
다. '하면 되는구나' 라는 자신감이 생기자 이제는 나무가 아닌 숲
이 보고 싶어졌다. 일본에서 나온 공장관리 책을 보고 실제 생산라
인을 비교하느라 수시로 밤을 새웠다. 숲이 눈에 들어오자 거칠 게
없었다. 생산반장을 교육하는 회사 합리화 대학에서 치른 24번의
시험에서 22번 1등을 했다.

"1998년에 회사의 제조표준을 실제 공장환경에 맞게 다 바꿨어
요. 그랬더니 해외 공장으로 가라는 지시가 떨어졌습니다."

당시 LG전자는 해외에 11개 공장이 있었다. 생산성 향상을 위해
테스크포스(Taskforce)팀이 순회하며 점검했지만, 돌아가고 나면
다시 원점으로 돌아오기 일쑤였다. 그가 본 해외 공장은 허점투성
이였다. 두 명이 마주 보고 TV 성능을 검사하느라 했던 검사를 또
하기 일쑤였고, 부품이 모자라면 작업자가 부품박스를 가져오다가
그 전 작업단계를 잊어버리는 일도 많았다. 생산은 더디게 진행됐
고 불량품이 많았다. 허 계장은 하나에서 열까지 모두 바꿨다. 일일
이 하나씩 꽂던 코드를 한 번에 열 개씩 꽂을 수 있도록 하는 등 생
산현장 곳곳을 자동화했다. 모든 공정의 시간을 초 단위로 분석해
빠른 곳의 인원을 느린 곳으로 배치했다. 생산물량과 라인을 분석
해 2부제 생산을 1부제로 바꾸라고 상무급 법인장에게 거의 통보하
다시피 했다. 두고 보자던 법인장은 2개월이 못 돼 생산성이 급증
하자 일일이 그의 의견을 구하게 됐다.

"중국 공장에 갔더니 자기 기술을 다른 사람에게 전수하길 꺼리
는 과장급 직원이 있어요. 당장 자르라고 법인장에게 말했어요. 반

발이 심했지만 결국 그 과장이 잘못을 인정하더군요.”

2002년 월드컵 특수를 앞두고 바이어들은 LG전자의 PDP TV 생산을 10배 이상 늘려달라고 요구했다. 걸림돌은 협력업체가 담당하던 외장염색에 있었다. 그는 생전 처음 보는 협력업체 공장에 가서 기계화가 가능한 공정을 찾아냈다. 그날로 생산량이 10배로 뛰어올랐다. 그의 다음 꿈은 무엇일까?

“조그만 제조업체를 경영하고 싶습니다. 우리나라 국민성은 생산에 적격입니다. 제대로만 하면 어느 나라에도 밀리지 않을 자신이 있습니다.”

–조선일보 2007년 9월 15일자

이렇듯 당신의 손에 투자성공 여부가 달려 있다. 좋은 주식은 없다. 주식은 가치 중립적인 자산일 뿐이다.


## 믿음

우리 주위에는 주식이론에만 정통한 사람이 꼭 한 명씩 있다. 그는 기업종목만 대면 모르는 게 없고, 투자방법도 모르는 게 없다. 그런데 정작 본인은 투자를 하지 않는다. 아는 건 많은데 자기 머릿속에 있는 지식을 믿지 못하기 때문이다. 투자는 학문이 아니다. 논문 쓰고, 석사·박사가 되어야 비로소 자격을 얻는 것도 아니다. 투자는 실천이다. 실천하려면 그 행동만큼의 믿음이 있어야 한다.

### 믿음의 4단계

믿음에도 등급이 있다. 정도에 따라 4단계로 구분해보았다.

1단계 : 열린 마음

2단계 : 긍정적인 자세

3단계 : 신뢰

4단계 : 행동

1단계인 '열린 마음'은 믿음의 가장 낮은 단계이며, 귀를 여는 것이다. 다시 말해 선입견을 버리라는 것이다. 촌부(村夫)의 말이라도 귀담아들을 만한 것이 있다. 전문가의 말은 무조건 믿고, 그렇지 못한 사람의 말은 무조건 무시하는 것은 자신의 편협한 사고에 갇히는 길이다.

2단계는 '긍정적인 자세'다. 투자는 행위다. 부정적인 자세를 가진다면 그 어떤 일도 할 수 없다. 부정적인 자세는 주로 무엇을 하지 말라는 정보를 만든다. 그렇지만 긍정적인 자세는 무엇을 하라고 말한다.

한 가지 경계해야 할 점은 긍정과 낙관을 구분하는 것이다. 낙관(Optimism)은 그저 희망과 기대만 낳는다. 긍정적인 자세를 갖는다는 것이 막연히 잘되겠지 하고 기다리는 것을 의미하지는 않는다.

3단계는 '신뢰'다. 계속되는 긍정은 믿음을 쌓이게 한다. 그 믿음은 상호간에 '그러하리라'는 관계를 형성한다.

극기훈련 등의 팀 프로그램에 '신뢰쌓기(Trust-building)'라는 종목이 있다. 한 사람이 눈을 감고 뒤로 넘어지면 팀원들은 뒤에 서서 넘어지는 동료를 받아주어야 한다. 뒤에서 받아주지 않으면 다칠 수 있지만 동료들이 받아줄 거라는 믿음을 갖고, 동료들과 신뢰관계가 구축되어 있으면 할 수 있는 훈련이다.

기업과 투자자의 관계 역시 마찬가지다. 일관된 실적과 성실한 사업자세를 보여온 기업이 외부 환경으로 인해 단기간 경영이 악화될 수 있다. 그때 바로 보유주식을 매각하고 떠난다면 그 기업과 투자자 간의 신뢰는 없는 것이나 마찬가지다. 기업의 사업역량은 변함없다는 믿음으로 함께해주는 것이 기업과 투자자 간에 있어야 할 신뢰의 고리라 여겨진다.

앞선 세 가지 태도는 궁극적으로는 4단계인 행동으로 표현된다. 상대방에 대한 신뢰는 밖으로 표현되지 않으면 아무런 의미가 없다. 경영자가 아무리 기업의 우량성을 역설해봐야 투자자들은 잘 믿지 않는다. 이때 기업의 자사주 매입 결정이나 경영자 사비로 주식을 매입한다면 그 어떤 연설보다 더 큰 효과를 거둔다.

지식은 믿음을 낳고, 믿음은 행동으로 표현된다. 반복된 행동은 습관이 되고, 그 습관이 좋은 투자성과로 연결된다.

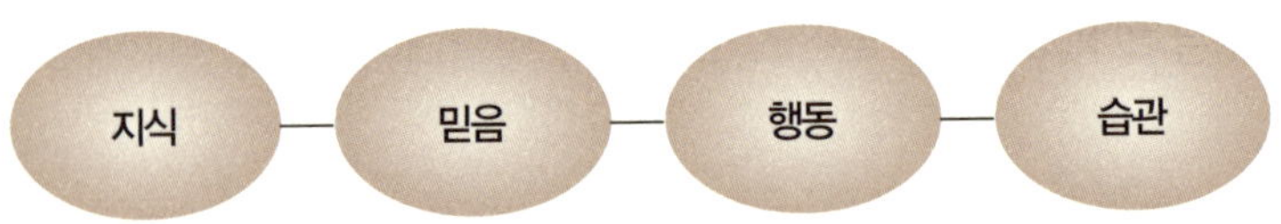

## 주가는 데이터다

직접적이든 간접적이든 주식에 투자하는 사람들은 매일 변화하는 주가로 인해 때로는 환호하고 때로는 절망하며 하루하루를 보낸다. 99.9%의 투자자들은 주가가 오르면 기뻐한다. 주가는 어디까지나 데이터다. 게다가 매일 변하는, 확정되지 않는 데이터다. 이렇듯 변동성이 큰 데이터만 믿고 투자한다면 투자자에게 안정적인 믿음이 생기기를 바라는 일은 요원하다.

변하는 주가에 휘둘리지 않는 투자를 하려면 변하지 않는 사실에 주목한 투자를 해야 한다. 그것은 다름 아닌 '주가'가 아니라 '주식'에 주목한 투자를 해야 한다는 뜻이다.

한 주에 10만 원 하는 기업이 있다고 가정하자. 주가에 근거한 투자를 하는 사람은 그 주식이 9만 원이 되면 슬퍼한다. 자신의 자산이 10% 하락했기 때문이다. 반면 기업에 주목한 투자를 한 사람은 가격이 얼마가 되었든 우량기업 주식을 가지고 있기 때문에 가격의 등락에 크게 연연하지 않는다. 오히려 가격이 9만 원으로 낮아지면 10% 주가 세일이라고 반색하며 주식을 더 구입할지도 모른다.

위의 이야기가 말하기에만 좋은 이야기라고 생각할 사람도 있을 것이다. 그런 생각이 강하게 드는 사람일수록 앞 단락에서 언급한 '믿음'의 첫 번째 단계로 되돌아가 곰곰이 생각해보길 바란다. 지나치게 단단한 선입견이 자신을 가로막아 다른 새로운 생각이 들어오는 길을 차단하고 있지는 않은지 말이다.

## 당신이 생각하는 바로 그것이 품질이 된다

■사례 1

2005년 부산 APEC 회담이 열렸을 때 의전차량을 지원한 H사와 B사의 이야기다. APEC 행사가 끝난 후 두 회사는 행사에 제공된 차량을 처분했다. 하지만 두 회사의 처분방법은 달랐다. H사는 한 번 사용한 차량이라 생각하고는 중고 가격으로 팔았고, B사는 세계적인 지도자가 탔던 차라고 선전하며 경매를 붙여서 출고가보다 높은 가격에 팔았다.

이런 차이를 가져온 이유는 무엇일까? 차량 외관상의 차이라면 B사는 뒷좌석에 그 차량을 이용한 국가원수의 사진과 사인을 붙여놓은 정도다. 예를 들어 부시 대통령이 탄 차량에는 부시 대통령의 사진과 자필 서명을 붙였다.

이 작은 차이가 그 차를 세상에서 단 한 대밖에 없는 차로 만들어버렸다. 하지만 근본 원인은 다른 곳에 있었다. 두 회사 직원들이 자사 차량에 대해 가진 태도의 차이였다. H사 직원에게 있어 그 차량은 다른 사람이 한 번 사용한 차로 보였지만, B사 직원에게 있어 그 차는 역사적인 인물이 사용한 차로 보였기에 다른 방식으로 처분한 것이다. 생각의 작은 차이가 자동차를 중고로 팔게도 하고, 세상에 단 한 대뿐인 차로 만들기도 한다.

-조선일보 2005년 11월 21일자

■사례 2

새만금 간척사업과 두바이 '팜 아일랜드 프로젝트'는 모두 세계

| 새만금 간척사업 | | 두바이 팜 아일랜드 | |
| --- | --- | --- | --- |
| 방조제 길이 | 33km | 직경 | 27.5km |
| 공사기간 | 15년 | 공사기간 | 약 7년 |
| 공사비용 | 3조 4,756억 원 | 공사비용 | 13조 원 |
| 면적 | 1억 2,000만 평 | 면적 | 9,018만 평 |

적인 규모의 바다 매립공사다. 공사규모나 투입된 노동력, 자본기술 측면에서 별다른 차이가 없다. 그런데도 새만금 사업은 국내에서조차 논란거리고, 두바이 프로젝트는 전 세계에서 경탄을 받고 있다.

새만금 간척사업은 세계 역사에 기록될 민한 대형 토목사업이지만 사실 조성된 땅을 어떻게 사용할지 아직 아무도 모른다. 개발주체인 농림부는 농지용이라고 하지만 그것을 믿는 사람도, 그렇게 희망하는 사람도 없다.

이에 반해 야자수 모양의 인공섬 위에 세계 최고 수준의 위락시설과 주거시설이 들어서는 팜 아일랜드는 이미 대부분 분양을 끝낸 상태에서 공사에 돌입했다.

새만금과 팜 아일랜드, 두 거대 프로젝트의 차이를 만든 것은 무엇일까. 그것은 '상상력'이다.

－매일경제신문 2007년 1월 2일자

두 사례를 보면 공통점이 있다. 동일한 자원을 어떻게 바라보고 실행하는가에 따라 결과가 크게 달라진다는 점이다. 동일한 자동차고, 동일한 허허벌판이다.

사람의 생각(믿음, 상상력 등)이 더해지지 않는 투자는 없다. 사람이 투자안을 어떻게 바라보고 믿는가에 따라서 투자의 방향과 결과가 달라진다. 마치 톰 소여가 고모에게 받은 담장 칠하기 벌을 친구들에게 예술행위로 소개하여 친구들을 부려먹은 것처럼 말이다.

## 투자목적

### 목적이 다르면 결과도 다르다

주식투자를 계획하거나 현재 투자를 하고 있는 사람들에게 가장 미흡한 부분은 바로 투자목적이다. 자신이 주식투자를 왜 하고 있는지, 이 종목을 왜 가지고 있는지를 명확하게 모른다면 그 종목의 수익 여부 역시 불명확해진다.

주식투자에 수익을 내기 위한 목적 말고 또 무엇이 있겠냐고 항변하는 사람들도 있다. 투자에 대한 목적은 시장 참여자만큼이나 다양하다. 거래차익을 목적으로 하는 투자와 배당수익을 목적으로 하는 투자, 또한 경영참여를 목적으로 하는 투자는 다르다. 또한 자금의 사용용도, 자금 운용기간, 목표수익률에 따라 다른 투자안을 선택하게 되고, 다른 투자결정을 하게 된다.

A군과 B군이 같은 날 같은 가격에 C전자 주식을 10만 원에 구입했다고 가정하자. A군은 시세차익을 목적으로 했고, B군은 배당수익을 목적으로 했다(C전자는 과거 5년 동안 주당 1,000원의 현

금배당을 실시했고, 올해도 흑자달성이 무난하다는 분석이다). 주가가 상승하면 A, B군 모두 기뻐한다. 그러나 주가가 하락하면 B군만 기뻐한다. 주가의 변동과 관계없이 배당은 지급되기 때문에 B군은 투자 초기부터 확정수익률 1%를 받는다. 주가가 10% 이상 하락하면 A군은 매도하지만, B군은 배당수익률이 높아졌다고 좋아하며 한 주를 더 구입한다.

이와 같은 원리는 부동산 투자에서도 동일하게 적용된다. 대출을 받아 부동산을 산 사람은 요즘 같은 부동산 가격 하락기에는 손실이 더 커진다. 대출이자율은 상승하고, 부동산 가격 하락으로 대출비율이 올라가기 때문에 추가담보를 제공하거나 대출금 일부를 상환하라는 압력을 받는다. 게다가 아파트 자산가치 하락까지 삼중고에 시달리게 된다.

임대수익을 목적으로 아파트를 구입한 사람이라면 사정은 조금 달라진다. 매월 임대수익이 발생하고 그 수익에서 은행이자를 지불하기 때문에 부동산 가격이 하락해도 상대적으로 고통을 덜 받는다.


### 장기 투자의 안전성

삼성전자의 주가를 장기와 단기, 두 가지 유형으로 살펴보자.

다음 그래프는 삼성전자의 지난 12년간 주가 움직임이다. 최저점은 1998년 9월 23일 3만 2,600원이고, 최고점은 2010년 1월 19일 85만 원이다. 12년간 2,507%의 수익률이다. 연평균 209%이며, 복리로 계산해도 연 31%라는 높은 수익률이 나온다.

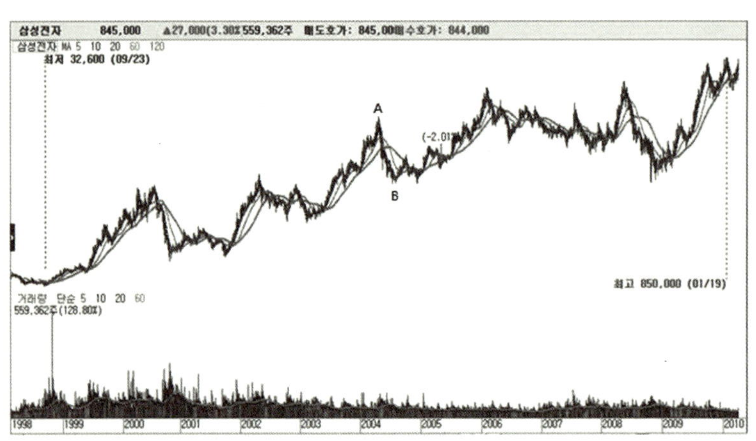

우리는 신이 아니기에 상투에서 사고 바닥에서 팔 수는 없다. 하지만 IMF 위기였던 1998년을 지나 2000~2003년에 삼성전자 주식을 구입했어도 5년 동안 두 배 정도의 수익을 올릴 수 있다. 주식을 파는 시기도 2006~2008년 중 어느 시기에 팔아도 만족할 만한 수익률을 거둘 수 있다.

지난 12년을 곰곰이 회상해보자. 그 사이 삼성전자에 대한 장밋빛 전망만 있었는가? 어느 날은 마치 반도체 경기가 침체일로를 걷는 것 같은 기사로 우리를 우울하게 하다가, 어느 날은 어닝 서프라이즈(Earning Surprise : 어닝 시즌에 발표된 실제 실적이 시장의 예상치를 훨씬 초과하는 것)를 올렸다는 기사가 나오는 등 온탕과 냉탕을 여러 차례 반복했다. 그 결과 위의 주가 그래프가 만들어졌다.


신문기사는 긍정적 전망을 내놓았다가 부정적 전망을 내놓았

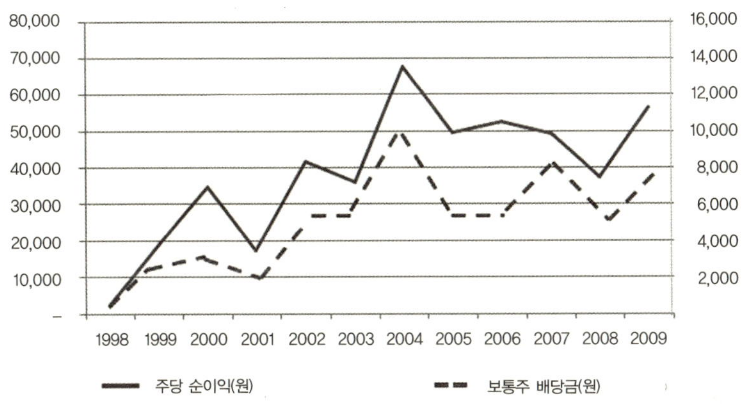



다가 하면서 주식가격을 요동치게 했지만 실적은 신문기사에 좌우되지 않는다. 위의 그래프에 소개된 삼성전자의 1998년부터 2009년 사이의 주당 순이익 및 배당금 변동은 같은 기간 동안의 주가와 유사하게 변화하고 있다. 주가의 변화나 신문 등 전문가의 분석에 의지하지 않고 그저 기업의 실적만 보고 투자하는 사람이라면 2000~2003년 중 주식을 매입했다가 2006~2008년 중 매각하면 대부분 수익률이 플러스일 것이다. 최소 3년에서 최장 8년의 투자기간이 투입된다.

게다가 그 기간 동안에 현금배당도 있다. 이것은 비과세이기에 (3년 이상 보유한 주식의 액면가액 합계액이 3,000만 원 이하일 경우 배당소득세 15.4%는 면제됨) 감세혜택까지 볼 수 있다. 시세차익과 연평균 1% 정도의 배당수익률, 게다가 감세효과까지 더한다면 장기 투자로 인한 효과는 톡톡히 누리는 셈이다.

삼성전자 주가 그래프를 다시 한 번 보자. A시점에 샀다가 B시점에 파는 단기 투자를 한 사람이라면 손실을 피할 수 없다. 어느 시기든 간에 단기적으로는 봉우리가 있고 계곡이 있다. 단기적인 수익률에 일희일비하는 투자자라면 단기적인 주가등락 시기를 잘 넘기지 못할 것이다.

다음 그래프는 2008년 8월부터 10월까지 3개월 동안의 삼성전자 주가 그래프다. 2008년 3/4분기는 미국발 위기, 원-달러 환율 급등 등의 악재가 맞물려 주식시장 전체가 하락세를 보이고 있었다. 삼성전자 역시 하락세를 보이고 있는데 그림 속에서 수익을 얻을 수 있는 방법은 A시점(9월 초순)에 사서 B시점(9월 하순)에 팔아야 한다. 투자자에게는 단기간의 매매기회만 존재한다.

인간은 절대로 주식의 바닥과 정점을 미리 알 수 없다. 시간이 지나고 나야 그때가 바닥이었는지 정점이었는지 알 수 있을 따름이다. 그렇다면 단기 투자에는 매매기회가 더욱 제한된다. 이런 상황이라면 주식을 가지고 있어도 불안하고(떨어질까봐), 팔아도

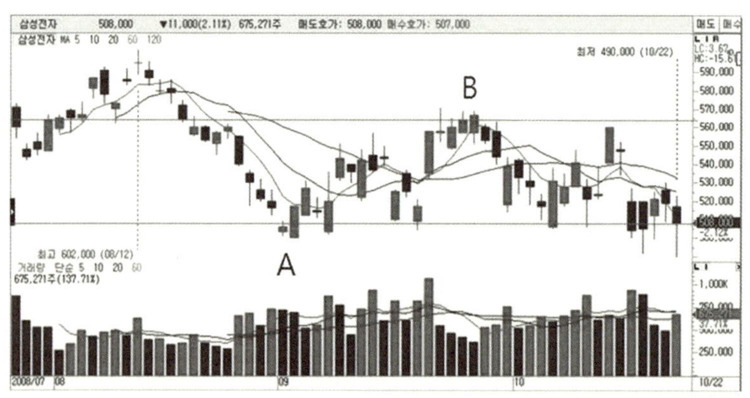

불안하다(더 오를까봐).

## 주가가 아니라 기업실적을 보고 사라

주식이나 부동산 '가격'은 데이터에 불과하다. 게다가 변동성이 큰 데이터다. 한동안 우리나라는 '부동산 불패'라는 신화가 존재했고, 이를 믿고 많은 부를 축적한 사람들이 있었다. 그러나 그 신화가 아직도 유효한가? 가치투자를 한다고 해서 가치투자자가 투자한 기업의 주가는 항상 우상향하는가? 그렇지 않다.

하늘 아래 변하지 않는 것은 없다고 한다. 그렇지만 가능한 한 덜 변하는 것을 보고 사는 것이 더욱 안전하게 투자하는 지름길이다. 부동산 투자도 마찬가지다. 시시때때로 변하는 정책을 보고 사는 게 아니라 잘 안 변하는 요인들을 분석하고 산다면 좋은 투자를 할 수 있다.

주식을 살 때도 주가를 보고 사는 게 아니라 기업을 보고 사야한다. 기업실적도 물론 변하긴 하지만 주가처럼 조변석개(朝變夕改)하진 않는다. 실적의 변화 트렌드를 분석하여 투자한다면 급격한 주가의 변화에 일희일비하지 않아도 충분히 편안하고 수익률도 좋은 투자를 할 수 있다.

## 두 개의 포지션을 가져라

투자설명을 하면서 흔히 드는 예가 하나 있다. 짚신 장수와 나막신 장수 아들을 둔 어머니 이야기다. 비가 오면 짚신 파는 아들 걱정에 눈물짓고, 해가 나면 나막신 파는 아들 걱정에 눈물 마를

날이 없는 어머니가 있었다. 그런 어머니에게 이웃 사람이 이렇게 조언한다.

"해가 나면 짚신이 잘 팔려 좋고, 비가 오면 나막신이 잘 팔려 좋다고 생각하세요."

요즘 신문기사를 보면 이 우화가 떠오른다. 원-달러 환율이 900원대 밑으로 간다고 수출비상이라고 호들갑을 떨 때가 엊그제 같은데 이제는 환율이 높아져 외화 사재기를 근절한단다. 유가도 오르면 올라서 걱정, 떨어지면 떨어져서 걱정한다.

위기(Risk)는 위험(Danger)과 기회(Opportunity)라는 두 개의 얼굴을 가지고 있다. 우리의 투자환경은 언제나 위기였다. 기회만 존재한 적은 거의 없었다. 수년치 경제신문을 모두 모아놓고 1면 머리기사만 검색해보라. 투자하기 좋은 시기라고 대서특필한 날이 얼마나 되는지. 늘 우리는 다양한 위기상황에 봉착해 있다. 이러한 위기에 슬기롭게 대처하기 위해서는 대응 가능한 무기를 많이 보유해야 한다.

주식 공부를 많이 한 사람이면 이럴 때 풋옵션(Put Option : 계약된 가격으로 주식을 팔 수 있는 권리. 주가가 하락할 것을 예상하면 풋옵션을 매수한다)을 떠올릴지도 모른다. 주식을 사면서 동시에 풋옵션도 사면 주가가 오르든 내리든 돈을 벌 수 있다. 하지만 풋옵션 역시 만기가 정해져 있을 뿐 아니라 단기에 운용되는 상품이기 때문에 장기 투자를 목적으로 하는 투자자에게는 적절하지 못한 투자상품이다.

따라서 무리 없이 일반 투자자들이 손쉽게 선택할 수 있는 두 가지 포지션은 현금매수·현물매도다. 예를 들어 1,000만 원의 여유자금이 있다면 그 돈을 모두 주식을 사는 데 쓰는 것이 아니라 절반만 주식을 사고 나머지 절반은 현금으로 보유하든가 원금이 보장되는 금융상품에 넣어둔다.

주가가 급락하면 보유한 현금으로 주식을 추가로 구매하고, 주가가 급등하면 보유한 주식 일부를 팔아서 현금보유를 늘리면 된다. 어쨌든 보유한 현금은 주가하락기에도 수익을 낼 수 있는 방패막이가 된다(주가가 떨어질 때마다 주식을 매입하라는 의미는 절대 아니니 적용기업과 적용상황에 맞추어 적절한 대응방안을 마련해야 한다).

　여기에서는 투자자가 '무엇'을 가지고, '어디에' 투자할 것인가를 결정하는 투자객체 요소를 다룬다. '무엇'에 해당하는 것은 투자자원(Resources)이며, '어디'에 해당하는 것은 투자자산(Assets)이다. 투자를 피상적으로만 알던 사람들은 투자를 단지 '어디', 즉 투자자산의 문제로만 생각했다. 그렇기 때문에 투자는 투자자의 상황과 무관하게 그저 가격이 오를 만한 대상을 찾는 데 관심이 집중되었다.

　하지만 앞에서 설명한 내용을 통해 투자의 문제는 투자자산만의 문제가 아니며, 투자자에게 투자에 대한 절대적인 책임이 있음을 깨달았을 것이다. 투자는 여유자금으로 하는 것이고, 여유자금이 있다는 것은 먹고살 만하다는 뜻이다. 생계가 어려워지면서까지 투자를 할 수는 없고, 해서도 안 된다. 그럼에도 불구하고 생계형 자금을 가지고 주식을 구입하는 사람들은 그 종목 여하에 상관없이 대단한 투기를 하고 있는 셈이다. 투자할 수 있는 자금을 모으는 힘은 투자자에게 있다.

## 투자자원

투자자 주위에는 자원과 환경이 혼재한다. 자원은 투자자가 통제 가능한 것이고, 환경은 투자자가 통제할 수 없는 것이다. 내 주머니의 돈은 내 자원이지만 내 친구의 돈은 나의 환경이다. 날씨, 환율, 주가, 정책 역시 환경이다.

누구에게나 보유한 자원은 부족하다. 그래서 환경을 자원으로 바꾸려는 노력은 예전부터 계속되어왔고, 그 노력을 많이 한 사람이 많은 부를 거머쥐었다. 19세기 유럽 사람들이 새로운 식민지를 찾아 아프리카로, 아시아로 진출했던 것도 자원을 확보하기 위한 노력의 일환이었고, 기업 입장에서는 경제인이 정치인에게 정치자금을 제공하며 그들에게 유리한 정책을 만들고, 국내 시장을 외국 기업으로부터 지키도록 유도했던 시도 역시 환경을 기업의 자원으로 만들려는 행동이었다.

고객의 돈(환경)을 내 돈(자원)으로 만드는 힘이 강할수록 그 기업은 부자가 된다. 기업이 강한 마케팅 정책으로 고객의 마음을 움직이려고 하는 것 역시 이러한 이유에서다.

투자를 희망하는 사람들은 자신이 움직일 수 있는 자원이 무엇인지 알아야 한다. 시간도 자원이다. 간혹 시간에 쫓겨 사는 사람들도 있다. 심지어는 자기 돈에 치여 사는 사람들도 있다. 그런 이들은 자원을 통제하는 방법부터 배우는 것이 좋다.

## 돈 이외의 것

자원은 유형자원과 무형자원으로 구분할 수 있다.

《자원전쟁》이란 책에서는 유형자원을 ① 재생 불가능한 자원, ② 재생 가능한 자원, ③ 재배 가능한 자원으로 구분하였다.

① 재생 불가능한 자원은 원유, 석탄 등의 일회성 자원이다. 20세기 굴뚝산업은 이러한 재생 불가능한 자원을 통해 발전해왔다.

② 재생 가능한 자원은 철, 구리 등의 광물이다. 그래서 분리수거, 건축자재 재활용 등 자원을 재생하여 사용함으로써 자원 효율성을 높여왔다.

③ 재배 가능한 자원은 옥수수, 벼 등의 농작물이다. 최근 전 세계적으로 강조하는 녹색성장, 이산화탄소 감축문제 등에서 논의되고 있는 것은 이러한 녹색식물 및 무공해 자원(물, 햇빛, 바람 등)을 통한 에너지 확보 문제다.

무형자원은 브랜드 자산, 영업권, 특허권, 지적 재산권 등 기업의 재무제표상에 나타나는 자원뿐 아니라 지식, 기술, 콘텐츠, 신용, 노력 등 개인에게 속한 것도 있다.

개인이 투자할 때 자원을 단지 돈의 문제로만 국한해서 판단한다면 좋은 투자결과를 내기 어렵다. 돈 말고도 좋은 투자자원은 많이 있다. 특히나 아직 직업을 갖지 못한 학생이나 종잣돈을 마련하지 못한 사회 초년생의 경우 돈이 없다고 하여 투자에 관심을 갖지 않는 경우가 많다. 그러나 투자는 지식에 관한 문제이며 투입 가능한 자원은 돈 말고도 많이 있는데, 단지 돈 문제로 인해 투자에 소극적이어서는 곤란하다.

개인의 시간은 매일 새롭게 생겨나는 소중한 자원이다. 또한 노력, 열정은 개인을 크게 차별화할 수 있는 측정 불가능한 자원이다. 또한 젊은 날의 배낭여행이나 어학에 대한 투자 등도 훗날 엄청나게 높은 투자수익을 올릴 수 있는 소중한 자원이다. 서로의 작은 약속이라도 지키는 모습은 그의 신용을 높이는 좋은 기회가 된다. 이러한 자원을 가지고 하는 투자는 투자(投資)가 아니라 투자(投自)다.

사람에게서 나오는 능력은 무한대의 수익률을 가진다. 금 1돈과 금 1돈을 더하면 금 2돈이 되지만 금 1돈과 사람의 정성을 더하면 금 1돈 이상의 가치를 갖는 작품이 된다. 사람만이 가치를 창출할 수 있는 존재다. 브랜드 가치, 지적 재산권 등도 인간만이 만들어낼 수 있는 자원이다.


## 돈

투자자금에 대한 변하지 않는 원칙 두 가지가 있다. 첫째, 투자는 내 돈으로 한다. 둘째, 투자는 여유자금으로 한다. 이 두 가지 원칙만 지킨다면 투자로 인해 인생이 곤궁해지지는 않는다.

우리는 돈에 이름이 안 쓰여 있다는 말을 사실로 믿고 살아왔다. 정말 그럴까? 내 은행통장에 있는 돈에는 내 이름이 쓰여 있다. 정확히 말하면 내 이름이 쓰여 있는 통장 속에 보관되어 있

다. 지갑 속에 있는 수표에도, 신용카드에도 내 이름을 써야 지불
이 가능하다. 내 이름을 쓰지 않고도 쓸 수 있는 것은 1만 원 이
하의 잔돈뿐이다. '돈에는 이름이 있다'라는 말로 바꾸어야 한
다. 투자는 이름 있는 돈으로 하는 것이다. 특히 '내 돈'으로 말
이다.

어떤 재테크 책에는 레버리지 효과(차입금을 활용하여 투자하는
방식)를 마치 돈을 버는 기술인 양 적어놓기도 했다. 그러나 그것
은 절반의 위험을 안고 있는 투자법이다. 자산가치가 상승한다면
당연히 적은 자기 자본으로 높은 수익을 올릴 수 있는 방법이지
만 자산가치가 하락한다면 하락분 이상의 손실을 떠안아야 한다
는 결점이 있다.

특히 조심해야 할 점은 자산의 가격은 투자자 본인이 좌우할
수 없는 환경요인이다. 모든 투자는 미래를 예측할 수 없다는 가
정을 전제에 두어야 큰 손실 없이 안전한 투자를 할 수 있다.

돈이 돈을 번다는 말이 있다. 금융소득을 의미하는 말이기도
하지만 여유자금의 중요성을 언급한 말이기도 하다. 당장 써야
하는 돈을 목적자금이라 하는데, 목적자금으로 투자하면 꼭 결정
적으로 써야 할 때가 되면 투자자금은 마이너스를 기록하고 있
다. 그래서 눈물을 머금고 팔고 나면 슬금슬금 가격이 올라가서
땅을 치고 후회하는 일이 잦다. 왜 그런 일이 많은 사람들에게 생
기는 것일까?

앞에서 장기 투자의 유리한 점을 삼성전자 장기 주가를 통해
살펴보았다. 그때 보유기간뿐 아니라 매수시점 및 매도시점도

2~3년의 비교적 장기간이었다. 다시 말하자면 그 기간 안에는 주식을 사도 오르지 않는다는 말이다. 대한민국을 대표하는 기업(전체 시가총액의 11%)이라는 삼성전자의 주가도 그렇게 더디게 상승하는데 그보다 수익이 적거나 시가총액이 적은 기업은 말할 필요도 없다. 주가의 단기적인 급등락이야 있겠지만 그것은 어디까지나 투기의 영역일 뿐이다.

대부분의 목적자금은 1~2년 이내에 사용해야 하는 자금이다. 결혼을 한다거나 집을 장만한다거나 자녀 교육비에 들어가는 등 반드시 필요한 곳에, 필요한 시기에 투입되어야 하는데 정작 자산은 그때를 모른다(자산가격은 그 시기에 맞춰 상승해주지 않는다). 1~2년의 주가 움직임을 예측하는 것은 무의미하다.

그렇기에 투자에 성공하는 길은 여유자금, 즉 당장 사용할 일이 없는 돈을 많이 만들어서 오랜 기간 굴리는 방법뿐이다.


## 투자자산


투자자산은 블랙 박스(Black Box)다. 그만큼 그 안에서 어떤 변화가 일어날지 알 수 없기 때문이다. 한 가지 분명한 것은 투입물이 있으면 산출물이 있다는 것이다.

다음 그림처럼 투자자가 3을 투입하면 10이란 결과물이 나오게 하는 것이 바로 투자자산이다. 3보다 큰 숫자가 나오면 좋겠지만 그보다 작은 숫자가 나와 손실을 볼 수도 있다. 황금알을 낳

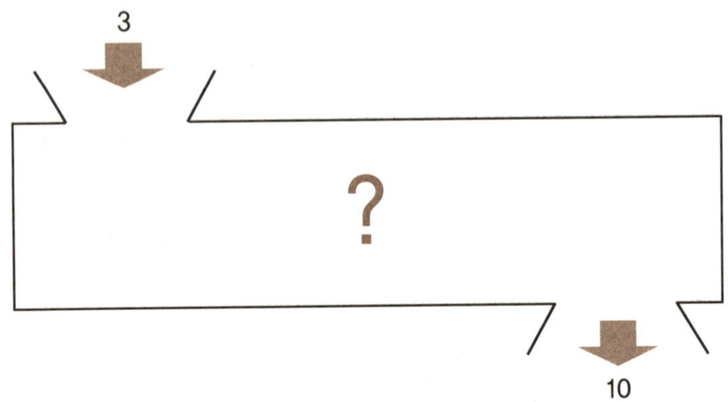


는 거위처럼 속을 뜯어볼 수도 없고, 뜯는다고 해도 나오는 건 거위의 창자뿐이다. 결국은 과거의 통계만 가지고 투자자산을 평가해야 한다.

이때 투자자산의 과거 가격만 보고 투자하는 방법이 차트투자이고, 투자자산의 과거 실적(이익)을 보고 투자하는 방법이 가치투자다.

투자자산은 실물자산과 증권자산으로 구분할 수 있다. 부동산, 금, 보석 등의 실물자산은 투자에 실패한다 해도 물건은 남기 때문에 예전부터 안전한 자산으로 간주되었고, 증권자산은 기업에서 발행한 주식, 채권 등으로 기업이 망하면 아무것도 남지 않기 때문에 위험자산으로 분류되었다.

## 실물자산

지난 세대에는 자산의 중심에 부동산이 있었다. 전쟁 등 일부 시기에는 금, 보석 등 휴대가 가능한 자산이 인기를 끌기도 했다.

국내 경제의 불안정성으로 인해 화폐가치의 하락을 염려한 지난 세대의 투자자들은 부동산과 금을 보유하는 것만이 자신의 재산을 안전하게 지키는 길이라 생각했다.

예전 어르신들은 돈은 땅에 묻어야 안전하다며 목돈이 생기면 땅을 보러 다녔고, 심지어는 금으로 치아를 해넣으며 투자하는 거라고 하는 분도 있었다. 주식은 망하면 종잇조각만 남기 때문에 주식투자를 해서는 안 된다며 손사래를 치는 분도 많았다.

미국인의 사고방식 역시 한국과 크게 다르지 않았다. 그러나 수차례의 대공황과 전쟁을 겪으면서도 기업은 살아남았고, 심지어는 100년이 넘도록 기업은 생존해 있었다. 죄조 다우손스 지수에 포함되었던 GE를 비롯해 여러 기업이 아직도 왕성한 생명력을 보여주고 있을 뿐 아니라 시간이 지날수록 기업의 규모가 커지고 있어 미국인의 기업에 대한 신뢰도가 많이 개선되었다.

미국인의 자산배분 현황은 전체 자산 중 부동산 자산의 비중이 60% 정도다. 일본도 이와 크게 다르지 않다. 그러나 한국은 90%에 육박한다. 부동산 이외에 마땅히 투자할 곳이 없어서이기도 하지만 초고도 압축성장에 대한 반사이익을 본 것도 무시할 수 없다. 유럽, 미국 등이 200~300년에 걸쳐 이룩한 성장을 100년 안에, 특히 최근 30년 안에 이룬 우리나라 입장에서는 투자자산의 급격한 가치상승은 당연한 결과라 할 수 있다.

이제는 5%의 성장도 어려워지는 등 전 세계 성장률 평균에 근접해가고 있어 자산가치의 조정은 불가피할 전망이다. 산업구조가 1차 농림수산업에서 3차 서비스산업으로 변화한 것처럼 각 산업의 근본이 되는 실물자산도 구조조정이 일어날 것이다.

다시 말하자면 1차 산업의 중심인 농업의 생산근원은 토지에 있었고, 2차 산업인 제조업의 근본은 토지 및 생산설비에 있었다. 그러나 3차 산업인 서비스업에서는 기존에 생산동력이 되어온 실물자산의 비중이 점차 감소하고 있다. 미국 최고의 기업인 마이크로소프트나 구글, 아마존 등 인터넷을 기반으로 한 기업을 보라.

한국도 KOSPI200(유가증권 시장의 우량기업 200개의 지수)에 속한 기업 중에는 엔씨소프트, 에스원, 제일기획, 대교, NHN 등의 서비스 기업들이 점차 규모를 키워가고 있으며, KRX100(유가증권 및 코스닥 시장의 우량기업 100개의 지수)에는 다음, 메가스터디, 하나투어 등이 자리하고 있다.

더구나 제조업을 기반으로 하는 기업의 생산시설은 국외로 이전하고 있기 때문에 생산시설로 사용되던 부동산은 자연스럽게 주거 목적으로 사용될 것이고, 주거공간에 대한 수요-공급 부조화도 점차 개선될 전망이다.

그렇다고 부동산보다 증권자산이 수익률도 좋고 더 안전해진다는 극단적인 판단을 하는 것은 아니다. 아마 우리 세대가 끝날 때까지도 안전자산으로서 부동산과 금의 가치는 그대로 유지되고 있을 것이다. 단, 과거 30년 같은 영화를 누리기는 어렵다는 사실이다. 시세차익이 발생하여 수익을 올리는 일은 앞으로 더욱 어려워질 것이다.

실물자산과 증권자산은 기본적인 가치창출 구조가 다르다. 실물자산은 그 자체로 수익을 발생시키지는 못한다. 토지를 가지고 있기만 하면 아무런 이익이 생기지 않는다. 토지를 팔아야 시세차익이 발생하여 비로소 수익을 맛볼 수 있다. 그러나 증권자산은 이자, 배당 등이 있기 때문에 가지고 있는 것만으로도 수익을 창출할 수 있다.

주식의 위험성을 주장하는 사람들은 기업이 망하면 하루아침에 주식은 휴짓조각이 된다고 한다. 부동산도 그런 위험을 가지고 있기는 마찬가지다. 지진, 재해, 붕괴 등의 사고로부터 100% 안전한 자산은 없다. 금 역시 도난의 위험은 존재한다.

기업이 분식회계와 같은 조직적인 범죄에 휘말리지 않는 이상 갑자기 망할 확률은 매우 낮다(서브 프라임 모기지 사태로 인해 미국의 여러 금융기업이 도산했지만 그 위기가 예견되지 않은 것은 아니다). 그러한 안전장치는 증권시장이 담당하고 있지 않은가. 설령 망한다 하더라도 기업의 보유자산(기업 소유의 토지 및 설비 등)이 있기 때문에 주식이 0원의 가치를 가지기는 쉽지 않다.

## 증권자산

증권자산이 가진 장점은 그 자체만으로 수익이 창출된다는 점이다. 마치 사과나무에 사과가 달리는 것처럼. 그래서 가치투자자들은 플러스섬 투자를 강조한다. 제로섬 게임은 투자가 아니다. 단지 거래일 뿐이다.

우리 주변을 보면 제로섬 게임이 너무나도 많다. 한 예로 최근에 문제가 된 KIKO(Knock-In Knock-Out의 약자로 환율과 관련한

통화옵션 상품)를 보면 국내 중소기업들은 큰 손해를 입었지만, 반대매매를 한 주체들은 큰 이익을 챙겨갔다. 결국 시장 전체로 보면 아무런 변화가 없다. 이는 아버지가 아들에게 용돈을 주면 아들은 돈을 벌었다고 생각하고, 아버지는 돈을 잃었다고 생각하지만 집안 전체로 보면 부의 총량은 변화가 없는 것과 같다.

주식시장은 제로섬 게임과 플러스섬 게임이 공존하는 시장이다. 주식의 매매 자체만 보면 제로섬 게임이다. 주식을 가진 사람이 아무리 하한가에 주식을 내놓아도 반대편에서 사는 사람이 있어야 거래가 성립되기에 총량은 변동이 없다.

파는 사람이 입은 손실이 반대편의 사는 사람의 이익으로 이전되지는 않는다. 오히려 손실을 본 투자자가 그 주식을 매입할 때 판매한 이전 투자자에게 미리 이익을 주는 것이다. 복잡한가? 다음의 그림을 보자.

그림은 일정한 기간 동안 주가가 상승했다가 다시 제자리로 돌아오는 모습을 단순화한 그래프다. A, B, C, D 각 구간별로 다른 사람이 투자한다고 가정하면, A구간에 투자한 사람은 B구간 투자자에게 100의 프리미엄을 받고 주식을 팔았다. 역시 B구간의 투자자도 주가가 100에서 200으로 상승하여 100의 이익을 얻자 C구간 투자자에게 주식을 판다. 이때 A구간 투자자에게 주고 산 프리미엄 100에 자신의 프리미엄 100을 더하여 200의 가격에 팔게 된다. 여기까지는 아무도 손실을 입은 사람이 없다.

200의 프리미엄을 얹어서 주식을 구입한 C구간 투자자는 이때 주가하락을 경험한다. 그는 200의 프리미엄 중 100을 본인의 손

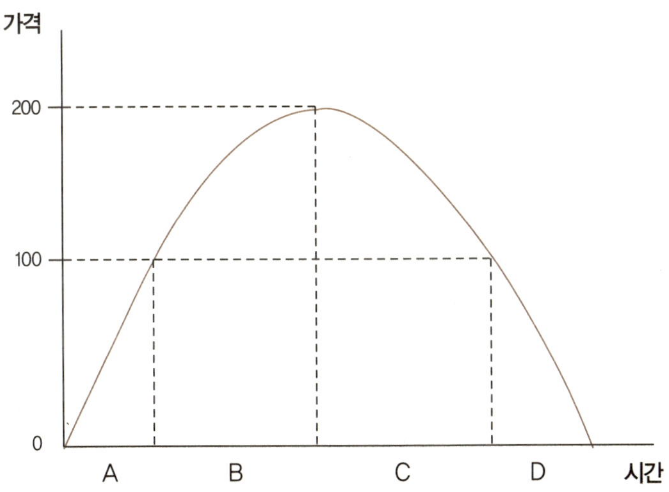



실로 떠안고 100의 가격에 D구간 투자자에게 판매한다. D구간 투자자는 100의 프리미엄을 안고 사서 D구간이 종료된 시점에 주식을 팔지 않아도 100의 프리미엄을 모두 손해 보게 된다.

따라서 이러한 주식거래는 앞 구간 투자자가 다음 구간 투자자에게 리스크를 떠넘기는 형태다. 리스크는 프리미엄이라는 계량화된 형태로 나타나고, 그 프리미엄은 주식가치의 총량을 늘리는 프리미엄이 아니라 주식을 매매할 때만 존재하는 이전(移轉) 프리미엄이다.

따라서 A, B구간 투자자들의 이익은 C, D구간 투자자로부터 받은 것이다. 마치 놀음판과 같다(이때 이익을 본 것은 수수료와 세금을 챙긴 증권사와 정부뿐이다).

정작 그 주식을 발행한 기업은 어떤 손실도 입지 않은 채 A, B

구간 투자자로부터는 칭송을 받고, C, D구간 투자자로부터는 원망을 받는다. 이런 이유로 인해 차트투자자들은 주식시장을 제로섬 게임이라 한다.

반면 주식시장은 이러한 두 가지 경우에는 플러스섬 게임이다.

하나는 배당이다. 위의 그림에서 A기간부터 D기간까지 주식을 보유한 투자자를 가정하자. 최고가를 기록한 B구간의 끝 지점에서 10의 현금배당이 이루어진다면 주가는 200에서 190으로 감소한다(배당락). 배당이 주어지는 시점에서 주식의 가치는 주주의 이익으로 10만큼 이전되었기 때문이다.

따라서 각 구간마다 주식을 거래한 사람들의 이익과 손실을 더하면 제로다. 그러나 장기 투자를 한 사람은 D구간이 종료한 시점에서 주식보유 수익률은 0%지만 현금배당은 10을 받았기에 플러스 투자를 했다.

다른 하나는 기업가치의 전반적인 상승이다. 우리는 094쪽에서 삼성전자의 12년 동안의 주가차트를 보았다. 그 그래프는 우상향하는 모습이었다. 111쪽 그래프에서 A, B구간에 해당되는 모습이다. 단기적으로는 수많은 A, B, C, D구간이 있었지만 전체적으로는 상승하는 그래프이기 때문에 시장 전체적으로는 이익(프리미엄)이 더 큰 형태다.

삼성전자는 해당 기간 내내 흑자를 기록하였고, 주당 순이익도 점차 늘어나는 추세를 보였다. 이익을 지속적으로 내고 있는 기업에 투자하면 장기적으로는 반드시 투자수익을 낼 수 있다는 것을 입증하는 대목이기도 하다.

기업의 배당은 이익에서 발생한다. 손실이 발생하는데도 은행 돈을 차입해서 배당을 주는 기업은 없다. 주식투자가 플러스섬 게임으로 가기 위해서는 기업이 이익을 발생시켜야 한다. 가치투자자들의 단순한 투자원칙도 여기에서 출발한다.

"이익을 내는 기업에 투자한다."

주식을 분석하기 위한 다양한 투자지표들이 있다. 하지만 투자지표에서 활용되는 기업 데이터는 많지 않다. 그중 대표적인 것은 순이익이다. 기업의 순이익에 대해 정확히 아는 것만큼 좋은 기업분석은 없다. 브랜드 가치라는 것도 있고, CEO 주가라는 말도 있다. 그러나 그 어떤 것도 순이익을 내는 데 공헌하지 못한다면 아무런 의미가 없다. 또한 그러한 가치는 이미 순이익에 녹아 있는 경우가 대부분이다.

# 05

그리스어로 시간은 크로노스(Chronos)와 카이로스(Kairos), 두 가지로 표현한다. 크로노스는 흘러가는 시간을 뜻하고, 카이로스는 의미 있는 시간을 뜻한다. '시점'을 뜻하는 타이밍은 카이로스다. 투자를 할 때 자산을 매수하는 시점, 매도하는 시점은 인간이 결정할 수 있는 자원이며 기술이다.

반면 '기간'을 의미하는 크로노스는 모든 인간과 자연에 동등하게 주어지는 개념이다. 부자든 가난한 사람이든, 배운 사람이든 배우지 못한 사람이든 하루 24시간을 똑같이 받는다. 그 시간은 앞당길 수도 없고 더 길게 늘릴 수도 없다. 그렇기에 시간이 갖는 힘은 상상을 초월한다.

우리가 통제할 수 없는 시간은 '복리'라는 마법의 힘을 가지고 있다. 이것은 투자의 기술이 아니라 마치 피보나치 수열과도 같은 자연의 법칙이다. 자연에 순응하는 투자자는 복리의 혜택을

입을 것이고, 이에 불응하는 투자자는 누구나 가질 수 있는 혜택
을 스스로 저버리는 셈이다.

## 복리의 힘

가치투자자들의 투자기간은 우리의 상상을 초월한다. 그들이
생각하는 '장기(長期)'는 우리가 생각하는 3~5년의 수준이 아니
다. 벤저민 그레이엄은 《현명한 투자자》에서 장기 투자기간을 25
년으로 보았다. 워런 버핏은 지갑 하나를 20년 동안 사용했고, 40
년 동안 버크셔 해서웨이(Berkshire Hathaway)를 운영해오고 있으
며, 50년 동안 같은 집에서 살고 있다.

필 카레(Phil Carret)는 섬유판 컨테이너를 만드는 그리프 브러
더스의 주식을 50년 이상 보유했을 뿐 아니라, 그의 최고 실적 중
하나는 25세에 산 1,400달러어치의 주식으로, 그는 60년 동안 그
주식을 가지고 있었으며 그 가치는 200만 달러에 달했다(그는
1998년 5월 28일, 101세를 일기로 세상을 떠났다).[19] 이들은 모두 시
간이 돈을 불리는 힘이라는 사실을 터득한 사람들이다.

이렇듯 시간은 최고의 투자 조미료다. 하지만 돈이 있는 사람
이나 없는 사람이나 똑같이 하루 24시간이 주어지기에 그 소중함
을 잘 모르고 산다.

특히 시간이 가진 가장 큰 힘은 복리의 힘이다. 72의 법칙이란
것이 있는데, 현재의 투자수익률로 원금이 두 배로 늘어나는 데

걸리는 기간을 알아보는 공식이다. 식으로 표시하면 '수익률(%)×기간(연)=72'다. 6%의 수익률이라면 원금이 두 배가 되는 데 12년이 걸린다는 뜻이다.

투자기간이 길어질수록 투자수익률은 높아지기에 모든 가치투자자들은 입을 모아 1년이라도 먼저 투자에 뛰어들라고 조언한다. 투자는 직업이 아니다. 그러므로 어린 나이에 시작한다고 해서 해가 되지는 않는다.

20세에 투자를 시작해 연 5%의 수익률로 40년을 투자한 투자자는 25세에 시작한 투자자보다 약 28% 많은 수익을 올린다(100만 원을 복리 5%로 투자하면 35년 후에는 552만 원, 40년 후에는 704만 원이 된다).


## 차익거래-짧은 기간의 가치투자

대부분의 사람들은 가치투자는 오랜 기간을 요하는 투자방법이라고 알고 있다. 그러나 그렇지 않은 가치투자도 있다.

시간이 개입되지 않는 투자는 차익거래가 유일하다. 차익거래(Arbitrage Transaction)는 선물시장에서 선물의 가격이 일시적으로 불균형 상태에 있거나 현물가격과 선물가격이 비정상적인 가격차이를 나타낼 때, 즉 일물일가(一物一價)의 법칙이 성립되지 않을 때, 과소평가된 자산을 매입하고 과대평가된 자산을 매도했다가 만기에 반대매매를 함으로써 위험부담 없이 이익을 얻으려는 거래를 말한다.[20] 워런 버핏도 과거에는 선물-현물의 가격차이를 이용한 방식은 아니었지만 자신만의 방식으로 차익거래를 즐겼다.

1982년 2월 13일, 베이어크 시가 회사는 법무부의 허가를 받아 담배 사업체를 아메리칸 메이즈 프로덕츠에 1,450만 달러, 즉 주당 약 7.87달러에 매각한다고 발표했다. 베이어크 시가 회사는 또한 청산계획을 발표하고 매각한 돈을 주주들에게 배분할 것이라고 밝혔다.

이런 발표가 있은 직후 버핏은 주당 5.44달러에 베이어크 시가 회사의 주식 5.7%를 매입했다. 당시 많은 사람들은 베이어크 시가 회사의 청산계획은 상당한 시간이 흘러야 완료될 것이라고 예측했다. 그럼에도 버핏은 투자했고, 결과적으로 베이어크 시가 회사의 차익거래는 성공적으로 완료되었다.[21]

가치투자자들도 일물일가의 법칙이 무너지는 순간을 포착한다면 과감하게 투자한다. 위에서 소개한 버핏의 투자는 몇 시간, 며칠 만에 완료되는 거래는 아니지만 수십 년을 기본적인 투자기간으로 삼아온 그에게 몇 개월은 대단한 단타매매다.

이렇듯 무위험 차익거래를 가치투자자들은 좋아한다. 버핏은 주당 2.43달러(7.87-5.44)의 무위험 수익이 존재한다는 것을 발견하고는 회사의 청산에 상당한 시간이 흐르리라는 일반인의 예측과 달리 신속하게 주식을 매입했다.

가치투자자들이 무조건 장기간을 선호하는 것은 아니다. 원금의 안전성을 확보하려다 보니 불가피하게 장기간에 걸친 투자를

선택하는 것일 뿐, 단기간이라도 확실한 이익이 보장되는 거래가
있다면 누구보다 신속하게 달려들어 수익을 확보한다.


## 타이밍


시간이 연속적인 흐름이라면, 시각(時刻)은 시간이 고정된 한
점을 말한다. 주식을 사고파는 시각, 즉 타이밍도 중요한 투자조
건이다.

좋은 주식을 발견하는 것은 중요하다. 하지만 그 주식이 과대
평가되어 있다면 매입을 머뭇거리게 된다. 그래서 가치투자자는
기다릴 줄 알아야 한다. 주식을 사기 전에도 기다려야 하고, 사고
난 후에도 기다려야 한다. 필 카레가 75년간 투자를 하면서 배운
가장 소중한 교훈은 인내심이라고 말했을 정도로 투자에서 인내,
즉 때를 기다리는 것은 중요한 요소다.


### ■ 주식을 사야 할 시점

가치투자자가 투자하기에 가장 좋은 타이밍은 시장이 좌절과
절망으로 가득할 때다. 워런 버핏은 "나의 투자론은 단순하다"면
서 "다른 투자가들이 탐욕을 낼 때는 두려워해야 하고, 그 투자가
들이 두려워할 때는 탐욕을 가져야 한다"고 말한다.

그는 2008년 여름, 미국의 투자은행인 리먼 브라더스가 도산하
고 미국의 금융위기가 현실로 다가선 시점에 GE와 골드만삭스에

투자를 결정하여 이 원칙을 또 한 번 실천했다.


■ 주식을 팔아야 할 시점

버핏은 "10년 동안 보유할 기업이 아니라면 10분도 가지고 있을 필요가 없다"며 분석의 중요성을 언급했을 뿐 아니라 "팔아야 할 때는 민첩하게" 팔라고 조언한다. 자신의 분석이 잘못되었다면 머뭇거리지 말고 자신의 잘못을 인정해야 한다는 뜻이다. 그의 투자전략은 전형적인 바이앤드홀드(Buy-and-hold : 구매 후 보유) 전략이다. 팔지 않는 것이 최고의 투자임을 그는 잘 알고 있다.

반면 월터 슐로스는 저평가된 주식을 샀다가 시장이 제 가치를 인정하면 팔아치우는 투자방법으로 39년 동안 연평균 20%가 넘는 수익률을 올리기도 했다(이에 대해 워런 버핏은 '담배꽁초 투자'라는 표현을 쓰기도 했다).

피터 린치는 매도시기를 결정할 때 외적인 경제환경에는 신경 쓰지 말라고 했다. 아주 명백한 영향을 받을 것이라고 확신하는 경우를 제외하고는 상관없는 일이라고 했다.

구체적인 매도시기는 각 기업에 따라 다르다고 했는데, 예를 들어 대형 우량종목인 경우 주가가 이익선을 초과하거나 주가수익률이 정상 범위에서 지나치게 멀어지면 팔고 나중에 더욱 떨어진 가격에 재매입하라고 권유했다.

이렇듯 각 기업이 어떤 유형인지, 즉 경기변동형인지 급성장형인지 또는 전환형인지에 따라 매도기준이 다르다고 보았다.[22]

당신이 잘 알고 있는 기업이나 산업에 투자하는 식으로 자신의 강점을 활용한다면 전문가들보다 더 높은 수익률을 올릴 수 있다.
－피터 린치

# CHAPTER 03

# DIY 펀드 원칙편

VALUE INVESTMENT

앞선 두 장에서 우리는 투자가 가지는 의의 및 투자에 필수적인 사항들을 살펴보았다. 앞의 두 장을 읽지 않고 곧장 이 장을 펼쳐든 독자들을 위해, 또한 앞에서부터 읽었더라도 전체적인 윤곽이 잡히지 않는 독자들을 위해 간단히 요약해보자.

투자에서 가장 중요한 것은 지식을 습득하는 것이다. 그러나 간접투자는 지식을 습득할 수 있는 길이 닫혀 있기 때문에 만약 손실이 나더라도 직접투자를 하는 것이 바른 길이며 투자를 배울 수 있는 빠른 길이다.

투자는 자금을 운용하는 것 이상을 담고 있다. 투자의 중심에는 지식이 있다. 그것이 지식을 소유하고 있는 투자주체(투자자)가 투자객체(투자자금, 투자자산)보다 더 중요한 가치를 가지는 이유다.

투자는 투자자를 위해 하는 것(for the Investor)이다. 그렇기 때문에 투자과정에서 얻을 수 있는 투자지식을 모두 펀드매니저가 가져가는 간접투자는 투자자가 처음부터 시도할 만한 투자법은 아니다.

투자자는 직접(by the Investor)투자를 해야 하며, 자신의 원칙과 지식을 바탕으로(of the Investor) 투자해야 한다. 그러므로 투자자의 지식, 믿음, 투자목적이 분명해야 한다. 그러한 바탕 위에서 돈이든 돈이 아니든 투자자가 소유한 자원을 잘 활용하여 가치가 증가하는 자산을 구입한 후, 충분한 시간 동안 보유하는 것이 가치투자의 기본 골격이다.

DIY 펀드를 설명하기 전에 이렇게 장광설을 늘어놓는 이유도 DIY 펀드의 핵심은 종목구성이나 운용기술이 아니라 투자자에게 있기 때문이다. 투자자의 투자원칙과 마인드가 투자성공을 좌우한다.

단기적인 시세차익을 목적으로 하거나 당장 써야 할 자금(목적자금)을 안정적으로 운용하기를 원하는 독자에게는 이 책에서 제시하는 방법이 맞지 않을 수 있기 때문에 적용하는 데 신중을 기하길 바란다.

이 장에서는 앞에서 설명한 투자재료들이 투자를 실천하는 데 어떻게 적용되는지, 진화되는지 지켜보는 것도 이 책을 읽는 또 하나의 즐거움이 되겠다.

## DIY 펀드 소개

DIY 펀드. 나는 앞으로 여러분이 가야 할 투자방향을 DIY라는 용어로 정의한다.

DIY 가구라는 말은 들어보았어도 DIY 펀드라는 말은 처음 들었을 것이다. DIY는 'Do it Yourself'의 약자로서 '스스로 만든다'는 뜻이다. 소비자들이 스스로 가구를 만들 때나 가정용 소품을 만들 때 주로 사용하는 단어다.

DIY 펀드를 한마디로 정의하면 투자자가 펀드를 스스로 만드는 것이다. 남에게 팔기 위한 펀드상품이 아니라 투자자 자신이 이용하기 위한 펀드상품을 만드는 것이다.

자산운용사에서 만들고 증권사나 은행에서 판매하는 규격화된 투자상품에 만족하지 못한 투자자라면 스스로 하는 투자에 관심을 가지는 것도 무리는 아니다. 마치 자녀들에게 안전한 먹을거리를 만들어주기 위해 주부가 직접 과자를 굽고 음식을 만드는 것처럼, 펀드의 운용방식 및 수익률에 만족하지 못하는 투자자라면 스스로 펀드를 만들어 운용함으로써 그러한 불안감을 불식시킬 수 있다.

DIY 펀드를 만들어보자. 스스로 종목을 선택하고 운용하다 보면, 낮은 수수료와 절대 뒤지지 않는 수익률이 여러분을 만족시키고, 더 나아가 진정한 투자자의 길로 여러분을 안내할 것이다.

# DIY 펀드의 장단점

DIY 펀드는 간접투자와 직접투자의 장점을 취한 형태를 가지고 있다.

간접투자의 장점은 투자지식이 없어도 주식을 구입할 수 있다는 점, 소액으로 고가의 우량주를 분산투자할 수 있다는 점, 그리고 매월 일정액을 적립식으로 투자할 수 있다는 점이다.

반면 수익률에 상관없이 매년 2~3%의 수수료를 판매사 및 운용사에 제공해야 한다는 점, 약정된 기간 이전에 환매할 때는 그때까지 발생한 이익의 일부를 운용사에 위약금조로 제공해야 한다는 점, 무엇보다도 투자를 통한 지식을 습득할 기회가 상실된다는 점 등은 간접투자의 단점으로 지적된다.

직접투자는 간접투자의 단점인 수수료 부담 및 중도해지, 투자지식 습득 측면에서 장점을 드러낸다. 반면 단점은 간접투자의 장점과 유사하다. 투자를 위해서는 많은 시간이 필요하다는 점,

|  | 간접투자 | 직접투자 |
|---|---|---|
| 장점 | −투자지식 없이도 주식 구입<br>−소액으로 분산투자<br>−적립식 투자 | −투자 노하우 습득<br>−자기 판단에 대한 책임을 짐 |
| 단점 | −수수료 부담<br>−중도환매 시 이익의 일부를 받지 못함<br>−투자결과를 수동적으로 받아들임 | −종목분석 및 운용에 많은 시간이 투자됨<br>−종잣돈이 있어야 투자가 가능 |
| 수익률 | 평균=시장수익률−수수료 | 운용자에 따라 큰 차이가 남 |

일정액 이상의 종잣돈이 모여야 분산투자가 가능하다는 점 등을 들 수 있다.

직접투자와 간접투자의 장단점을 앞의 표에 간략히 정리했다.

DIY 펀드는 직접투자의 장점과 마찬가지로 투자자가 직접 기업을 선정하고, 매수시기와 매수금액을 결정한다. 이를 통해 투자자는 기업과 투자에 대한 지식을 배울 수 있다. 그러나 간접투자는 이러한 과정을 겪을 수 없다는 단점을 갖고 있다.

충분한 투자지식이 없는 투자자라면 처음 하는 직접투자는 손해를 볼 수밖에 없다. 그러나 이를 위한 대비책이 DIY 펀드에는 있다. 초기 투자자들을 위한 인덱스 펀드 단계부터 시작하여 투자에 자신감이 생긴 사람들을 위한 단계까지 맞춤형으로 자신의 포트폴리오를 구성할 수 있다. 그래서 DIY 펀드는 투자자 개인 수준별 맞춤 투자법이다.

또한 DIY 펀드는 일반적인 펀드가 갖는 장점, 즉 소액투자 및 분산투자, 적립식 투자가 모두 가능하다. 그렇기에 이 책의 제목에서와 같이 100만 원, 혹은 그보다 적은 금액으로도 충분히 가치투자를 시작할 수 있을 뿐 아니라 매월 그보다 훨씬 적은 금액만 가지고도 가치투자를 지속적으로 할 수 있다.

일반 펀드를 운용하듯이 이익–손실 여부도 쉽게 살펴볼 수 있으며, 운용 도중에 현금이 필요한 경우 현금화해도 거래 수수료 외에는 환매수수료가 없다. 간접투자를 할 때 매년 부담하는 2~3%의 보수 역시 전혀 없거나 현저히 낮은 수준이다.

한 가지 단점이 있다면 컴퓨터 및 인터넷 환경에 익숙하지 못한 투자자에게는 매우 불편한 투자법이다. 기업의 공시 및 실적 자료를 인터넷을 통해 확인하고, 거래 역시 증권사의 거래 소프트웨어를 이용하기 때문에 컴퓨터 사용은 필수적이다.

직접투자에 익숙한 투자자들은, 특히 단기 매매에 치중하던 투자자들은 주식이 거의 매매되지 않고 있으면 답답함이나 조급함을 느낀다. 그런 투자자들은 펀드운용에 신경 쓰기 전에 명상운동에 치중하는 것이 더 나은 투자수익률을 위해서 좋을 것이다.

간접투자에 익숙한 사람들은 자신이 선택한 기업이 갑자기 폭락하면 어떻게 하나 불안해한다. 이는 자신의 분석에 확신이 없기 때문이다. 불안감을 이겨내지 않으면 수영을 할 수 없고, 물속에 빠지지 않으면 불안감을 치유할 수 없다. 따라서 안정성이 높은 주식을 매입하여 자신감을 키우고, 그 다음에 수익에 관심을 가지는 단계를 거쳐갈 것을 권한다.

시간이 없어서 분석을 못한다는 사람들이 많다. 남을 위해 공부하는 것도 아니고, 단기적인 효과가 나타나지 않는 공부도 아닌데 투자공부를 할 시간이 없다는 것은 아이러니다.

스스로에게 투자할 시간도 없고, 자산을 불리기 위한 시간도 마련하지 못하는 사람들이 부자가 되겠다고 생각하는 것은 일종의 판타지다. 실현 가능성이 전혀 없기 때문이다. 그런 사람은 차라리 이 책을 살 돈으로 복권을 사서 벽에 걸어놓고 비는 게 나을 것이다.

## 펀드매니저로서의 자신감

스스로 펀드를 만드는 데서 오는 가장 큰 어려움은 바로 자신
감이다. 자신이 분석의 기준으로 사용한 원칙 및 지표가 기업의
성장이나 가치를 충분하게 설명할 수 있는가 하는 점은 투자자에
게 언제나 불안요인으로 다가온다.

단순하게 생각하라. 세상은 당신이 생각하는 것 이상의 법칙을
가지고 움직이지 않는다. 모든 주식의 모든 시기를 100% 설명할
수 있는 지표는 없다. 시장은 어느 정도 비이성적으로 움직이기
때문에 설명할 수 없는 종목과 상황은 언제나 존재한다.

우리는 모두 실패의 가능성을 가지고 시작한다. 실패에 대한
대비만 되어 있다면 투자로 인한 위험은 더 이상 없다.

자신감이 없는 투자자의 기업분석은 늘 복잡하다. 논리도 매우
어렵다. 그러나 성공한 투자자의 투자방법은 매우 간단하다. 왜
냐하면 그는 자신감을 가지고 투자하기 때문이다.

자신감이 없는 투자자는 하나의 분석도구만으로는 성공할 것
같지 않으니 다른 도구를 가져다 쓴다. 당기순이익으로 기업의
수익성을 설명할 수 있는데 경제적 부가가치(EVA : Economic
Value Added)에 법인세, 이자 및 감가상각비 차감 전 이익
(EBITDA : Earnings Before Interest, Tax, Depreciation and
Amortization) 등 여러 지표를 가져와서 일만 복잡하게 만든다.

각각의 지표가 나타내는 바가 모두 다르다는 사실은 안다. 각
지표의 유효성은 인정하지만 지표로 인한 투자의 차별 효과가 있

을지는 의문이다.

소의 등급을 판정할 때 소의 다리, 머리, 허리, 꼬리 등의 여러 부위를 놓고 판정하지 않는다. 한 부위를 절단하여 그 부위의 색깔, 마블링(지방의 퍼짐 정도) 등을 판단하여 소의 등급을 정한다. 소의 우량성을 판단할 때 무게만으로 판단하는 정도의 낮은 분석 수준만 아니라면 크게 문제되지 않는다. 분석의 수준이 지나치게 높아도 비용-효익 면에서 그다지 효율적이지 못하다.

우리가 다루는 투자는 자연과학이 아니라 사회과학의 분야다. 수학공식처럼 예외 없는 투자모델을 만들어낼 수는 없다. 일반적으로 사회과학에서 어떠한 모델이 전체 현상을 70% 정도만 설명할 수 있어도 그 모델은 충분한 타당성을 갖는다고 한다. 그러나 자연과학 분야라면 단 한 개의 반례만 있어도 그 모델의 적정성을 무효화시킬 수 있다.

우리는 수학을 공부하는 것이 아니라 야구경기를 하고 있다. 10번의 타격기회 중에서 3번만 안타를 쳐도 좋은 타자라는 소리를 듣는다. 아무도 7번의 아웃에 대해 비판하지 않는다. 왜일까? 안타 3번의 가치가 아웃 7번의 가치보다 더 크고 중요하기 때문이다.

투자도 마찬가지다. 10개의 종목을 사서 3개의 종목만이라도 성공한다면 나머지 7개의 실패한 투자로 인한 손실은 만회된다.

## PISSO 모델

펀드에 편입될 종목을 선택하기 위해서는 다음 그림과 같은 절차를 거쳐야 한다. 이를 PISSO 모델이라 한다.

투자원칙(Principles)-투자지표(Index)-투자기준(Standard)-기업탐색(Search)-펀드운용(Operation)의 다섯 가지 단계를 거쳐야 비로소 펀드 구성이 완료된다.

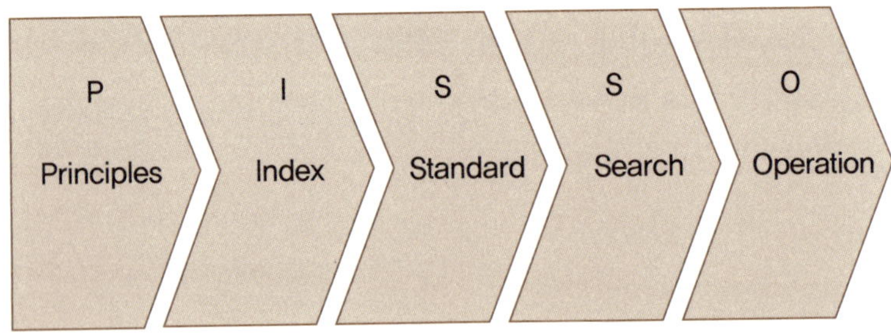

# 투자원칙 ( Principles )

투자원칙은 2장에서 설명한 투자 레시피를 사용하여 투자재료들을 결합한 하나의 요리다. 존 템플턴이 그의 저서 《영혼이 있는 투자》에서 밝힌 투자원칙을 살펴보자.

1. 최종수익률로 평가하라.
2. 투기적 매매가 아닌 투자를 하라.
3. 개방적이며 유연한 자세로 다양한 투자상품을 생각하라.
4. 쌀 때(비관석 분위기가 최고조에 달했을 때) 사라.
5. 매수하기 전에 좋은 주식인지 살펴보라.
6. 시장의 흐름이나 경제전망이 아닌 개별종목의 가치에 주목하라.
7. 위험을 분산하라.
8. 스스로 공부하라. 아니면 전문가의 도움을 받아라.
9. 자신의 투자에 주의를 게을리하지 마라.
10. 패닉에 빠지지 마라.
11. 실수로부터 배우라.
12. 기도를 통해 마음을 가라앉히고 통찰력을 얻어라.
13. 시장 평균 수익률을 넘어서기가 얼마나 어려운지 알라.
14. 자만을 버리고 겸손하라.
15. 세상에 공짜는 없다.
16. 세상을 너무 무서워하거나 부정적인 시각으로 바라보지 마라.

17. 선을 행하면 그에 따른 보답을 얻는다.

이 투자원칙은 단순히 기업을 분석하는 원칙뿐 아니라 투자자로서 지녀야 할 삶의 자세와 철학마저도 아우르고 있다. 당신에게는 어떠한 투자원칙이 있는가?

원칙을 세우고 변함없이 지키는 것은 투자의 시작이자 끝이다. 투자를 생각하고 펀드를 직접 운영하고자 하는 투자자들은 우선 자신의 투자원칙을 세우고, 어떠한 어려움이 있어도 그것을 지키겠다고 다짐하자.

현재 우리 사회의 투자문화가 가진 가장 큰 맹점은 바로 건전한 투자원칙이 없다는 것이다. 그저 대박 내는 종목을 뒤쫓는 사람들이나 위험분산을 위해 다양한 상품에 나눠 가입하라는 금융판매원들의 추천만 난무할 뿐, 건전한 삶의 일부로 투자를 바라보고 한평생 투자를 통해 자신의 인생과 가족을 안전하게 보호하려는 움직임은 너무나도 드물다.

대부분, 아니 절대다수의 사람들이 투자원칙을 이야기하기 전에 투자수익률만 따진다. 원칙 없이 수익을 올릴 수 있다는 가난뱅이 사고방식은 하루빨리 지워내야 한다. 그러기 위해서는 '카핑 베토벤'이 필수적이다.

앞에서 언급한 존 템플턴 이외에도 자신의 인생을 살아오면서 축적한 투자원칙을 글로 옮긴 투자자들이 많이 있다. 이 책을 통해 그들을 만나보자. 그리고 당신만의 가치투자, DIY 펀드를 시작해보자.

# 투자지표(Index)

투자원칙이 투자 안에 스며들기 위해서는 원칙을 실천할 수 있는 도구가 필요하다. 그것이 바로 투자지표다. 성장 가능성이 큰 기업을 택한다는 원칙을 세우고 안정성 지표인 부채비율을 투자지표로 삼는다면 원칙에 맞는 투자가 이루어질 수 없다.

현재 기업의 재무비율을 분석하기 위해 활용하고 있는 지표는 수익성, 안정성, 성장성, 활동성 지표 등 4가지가 있으며, ROE, 부채비율, 총자산회전율 등의 지표가 이에 해당한다. 또한 시장가치 지표가 있는데 이는 주식 및 주가를 기준으로 하여 기업 간의 비교 가능성을 높이기 위해 만든 투자자 중심의 지표다. 시장가치 지표는 EPS, BPS, PER, PBR, PSR, PCR 등이 있으며 뒤에서 자세히 살펴보자.

이러한 양적 지표만 있는 것은 아니다. 기업의 질적인 요인 역시 분석 가능한 지표가 된다. 숫자로 표현할 수는 없지만 시장의 지배력, 경영진의 능력, 마케팅 조직의 능력 등 질적으로 의미 있는 지표들이 있다.

필립 피셔는 이러한 질적 지표를 중요한 판단기준으로 생각했고, 기업을 일일이 방문하여 경영진과 심도 깊은 대화를 나눈 후 투자를 결정했다.

## 투자기준 ( Standard )

투자지표가 갖는 의의는 자본금도 다르고 사업구조나 매출도 다른 기업들을 비교할 수 있다는 점이다. 동일한 기업일지라도 작년의 이익률과 올해의 이익률을 비교하는 것처럼 서로 다른 시점을 비교하거나, 서로 다른 업종의 기업 간 투자수익률을 비교하여 기업 간의 우열을 가릴 수 있다는 점이 투자지표만이 가진 매력이다.

펀드를 만들기 위해서는 어떤 투자지표를 활용하여 투자를 하는지도 중요하지만, 지표별로 어떤 기준을 정할 것인가도 중요한 문제다. 가장 좋은 성적을 거두는 1등 기업만 선별할 것이 아니라면 '우량기업'의 기준이 있어야 한다(산업별 1등 기업만 투자하는 것도 좋은 투자원칙이다). 그 정의는 추상적인 의미가 아닌, 측정 가능한 숫자로 표시되는 정의여야 한다.

ROE(자기자본이익률) 하나만 놓고 본다면, 전년도 ROE가 15% 이상 되는 기업을 선택할 것인지, 5년간 평균 ROE가 10% 이상인 기업을 선택할 것인지, 5년간 ROE 수치가 상승추세인 기업을 선택할 것인지에 따라 투자기준에 부합하는 기업이 달라진다.

## 기업탐색 ( Search )

기준을 세웠다면 그 기준에 맞는 기업을 찾아나서야 한다. 워런 버핏처럼 상장기업 분석 책자를 펴고 'ㄱ'으로 시작하는 기업부터 일일이 검토작업을 시작할 수도 있고, 시가총액 1위 기업부터 차례대로 내려오면서 찾아볼 수도 있다. 혹은 업종별로 분석하는 방법도 좋다.

자신이 잘 아는 분야의 산업이 만일 음식료업이라면 그 산업에 속한 기업들을 먼저 분석하고, 그 다음 제약산업, 통신산업을 분석하는 등 산업별로 분류하는 것도 하나의 방법이다.

어떤 순서로 시작하든 그것은 중요하지 않다. 무엇보다 중요한 것은 많은 기업을(주식시장에 상장된 모든 기업을), 지속적으로(월별·분기별로 계속해서) 분석하는 것이다. 지금은 기준에 부합하지 않는 기업이더라도 다음 분기, 혹은 내년에는 그 기준을 충족시킬 수도 있으며, 지금 보유하고 있는 기업이 앞으로도 '우량성'을 지속할지 늘 감시의 눈을 늦추지 않아야 하기 때문이다.

## 펀드운용(Operation)

위의 절차를 거쳐 투자대상 기업을 선정했다면 그 다음은 주식을 사들이고, 지속적으로 분석해야 한다. 또 새로운 주식을 사들이고, 매각하는 작업을 해야 한다.

### 분산투자

어떤 지표와 기준을 사용했는가에 따라 투자자의 투자 바구니 안에 포함된 기업의 수는 달라진다. 마치 체로 겨를 고르는 것과 같다. 눈이 고운 체로 고르면 소수의 기업만 바닥에 내려오고, 눈이 큰 체로 고르면 많은 기업이 내려온다.

소수의 기업을 고르는 것만이 투자성공의 비결은 아니다. 아마도 그렇게 엄격한 기준에 의해 선택된 기업의 주식은 구입하기 쉽지 않을 것이다. 왜냐하면 그 기업은 누구나 알고 있는 초우량기업일 것이기 때문이다. 그렇다고 '지난 3년간 흑자를 낸 기업'이라는 관대한 기준을 적용하여 수백 개의 기업을 투자 바구니에 넣어두는 것도 바람직한 투자는 아니다.

몇 개의 기업에 투자하는 것이 적정한가에 대한 논의는 우리나라뿐 아니라 미국에서도 투자자마다 큰 차이를 보이고 있다. 시장 전체를 매입해야 한다는 주장(존 보글)도 있고, 10개 이하 3~5개의 기업에 집중해야 한다는 주장(필립 피셔)도 있다. 두 가지 주장 모두 맞는 말이다. 투자에 정답이 어디 있는가? 자신에게 맞는 투자만 존재할 뿐이다.

한 가지 분명한 것은 단지 여러 개의 기업을 사는 것이 분산투자가 아니라는 점이다. 서로 다른 유형의 위험을 가진 주식, 즉 재무관리에 나오는 베타가 서로 다른 기업의 주식에 투자해야 위험을 상쇄시킬 수 있다.

2개의 기업에 투자하든 10개의 기업에 투자하든 투자기업의 실적 및 사업에 대해서 잘 알고 있어야 분산투자의 혜택을 누릴 수 있다.

## 정액매입

펀드를 운용하는 가장 큰 장점은 장기간에 걸친 분할매입, 정액매입(dollar cost averaging)을 할 수 있다는 점이다. 정액매입은 매월 같은 금액을 주식에 투자하는 방법인데, 주가가 올랐을 때는 주식을 적게 사고 주가가 낮아지면 많이 살 수 있다. 따라서 주가가 하락했다가 상승한다면 한꺼번에 그만큼의 주식을 사는 것보다 수익률이 좋아진다.

근로소득으로 살아가는 사람들은 한 번에 목돈을 만들기도 어렵고, 만들어진다 해도 목돈을 한꺼번에 주식시장에 투입하기는 더더욱 어렵다. 펀드를 만들더라도 단번에 많은 돈으로 주식을 사서 포트폴리오를 구성하는 일은 위험하다. 그런 일은 투자에 대한 공부를 충분히 한 후에 해도 늦지 않다. 무엇보다 중요한 것은 원금을 안전하게 지키는 일이다.

그러기 위해서는 매월 정액으로 투자하는 것이 더 안정적이다. 일각에서는 거치식이 적립식보다 수익률이 좋다는 말도 있고, 반대로 적립식이 거치식보다 낫다는 말도 있다. 수익률의 높고 낮음을 떠나서 자신감과 투자지식이 부족한 초보 투자자는 자금을 조금씩 나누어 투자하는 것이 심리적으로도 수익률 면에서도 나은 결과를 얻을 수 있다.

## 투자일기

투자가 한 번 하고 마는 일회적 행위가 아닌 만큼 지속적으로 주식시장에 관심을 갖고, 투자기업과 주식시장에 영향을 미치는 요인에 대해 지속적인 관심을 가져야 한다. 책과 신문을 읽고, 관련 전문가와 대화를 나누고, 일상생활 속에서 투자기회를 발견하려는 시도를 멈춰서는 안 된다. 하루하루 얻은 지식을 일기라는 형식으로 남겨두어 최소한 한 분기 이상 누적된 후 살펴보기 바란다. 스스로 많은 부분을 깨달을 수 있다.

문승렬 씨가 쓴 《한국부자들의 부자일지》라는 책이 있다. 저자는 그 책을 통해 부자들은 한결같이 부자일지를 적고 있으며, 일지의 내용으로 금리, 주식, 부동산, 환율, 유가, 채권의 여섯 가지 요인을 신문을 읽으며 매일 정리하라고 충고한다. 이렇게 여섯 가지 항목에 대한 관심을 정리하든, 주식 전반에 대한 기록 또는 관심종목에 대한 기록이든 상관없다. 일단 장기적으로 경제에 관심을 가지고 기록으로 남긴다는 것이 중요하다.

문승렬 씨가 소개한 '부자일지를 쓰면 얻는 7가지 장점'을 인용하겠다.

1. 부자로 나아가는 습관을 얻는다.
2. 문제해결 수단인 시스템적 사고를 하게 된다.
3. '부자의 뇌'를 갖게 된다.
4. 나무보다 숲을 보는 안목이 생긴다.
5. 부자 마인드를 만드는 중요한 도구로 활용할 수 있다.
6. 자제력이 향상된다.
7. 생각지도 못한 아이디어를 얻는다.

## 정기적 업데이트

기업의 실적은 분기별로 발표된다. 이 실적발표를 놓쳐서는 안 된다. 기준에 미달하는 기존 투자기업과 기준을 달성하는 새로운 기업이 탄생하기 때문이다.

반 년에 한 번씩은 자신의 투자기준을 검토해야 한다. 이미 반 년 전에 투자검토를 한 자료는 있을 것이다. 6개월간의 시뮬레이션을 다시 해보자. 기준을 좀 더 높였을 때와 낮추었을 때 투자수익률을 비교해보자.

또한 최소한 1년에 한 번 정도는 투자지표를 점검하자. 처음 투자를 시작했을 때 가졌던 마음가짐과 투자 후 최소 1년이 지났을 때의 마음가짐과 지식은 달라져 있을 것이다. 이때 본인이 투자도구로 사용한 투자지표가 적절한지, 투자원칙을 더하거나 뺄 것은 없는지 다시 검토해야 한다.

1년이 지나도 아무것도 변한 것이 없는 투자자라면 양극단에 위치한 투자자다. 투자에 통달한 천재거나 아무 노력도 하지 않은 게으름뱅이거나 둘 중 하나다.

본인의 투자 바구니에 담겨 있는 관심종목과 이미 주식을 매입한 투자종목에는 많은 관심과 분석을 하리라 생각한다. 그러나 더 나은 투자를 하기 위해서는 늘 자신의 투자 바구니 밖에 있는 기업에도 눈길을 주어야 한다.

부업으로 투자를 하는 사람이라면 결코 쉽지 않다. 그렇지만 시간을 쪼개서라도 해야 한다. 가만히 앉아 있어도 돈이 불어나는 일인데 이것마저 하지 않으면 매우 곤란하다.

1. Principles : 원칙을 세운다.

2. Index : 원칙에 맞는 지표를 선택한다.

3. Standard : 지표의 기준을 결정한다.

4. Search : 가능한 한 넓게 기업을 탐색한다.

5. Operation :

   -가치와 주가를 비교하여 저평가된 기업의 주식을 구입한다.

   -분할매입 : 지속적으로 구입한다.

   -투자일기를 작성한다.

   -정기적으로 펀드종목을 업데이트한다.

   -종목에 편입되지 않은 종목도 지속적으로 검토한다.

# 누구를 모방할 것인가 

## 투자원칙 세우기

스스로 투자원칙을 정하기 위해서는 우선 투자대가들의 투자원칙을 습득해야 한다.

투자는 일시적인 행위가 아니라 반복적인 습관이자, 삶의 철학이 깃든 인생 그 자체라고 언급한 바 있다. 투자대가들의 투자원칙을 배우기 전에 투자자들의 인생을 알아야 한다. 그들이 어떤 인생을 살았으며, 일생 동안 어떠한 투자원칙을 지켜왔고, 그 투자의 결과는 어떠했는지 살펴보는 일이 초보 투자자의 첫 번째 과제다.

그중 자신의 가치관이나 투자성향과 맞는 투자자를 멘토로 선정한다. 직접 찾아가서 대화를 나눌 수 있는 사람이라면 직접 찾아가 배우는 것이 가장 쉽고 빠른 방법이다. 그것이 불가능하다면 멘토가 쓴 책을 참고한다.

이 책에서는 투자유형이 서로 다른 투자자들을 맛보기로 소개한다. 더 깊은 학습은 그들의 책을 직접 읽고 느끼고 판단하며 하기 바란다.

워런 버핏(& 벤저민 그레이엄), 피터 린치, 필립 피셔, 존 보글, 존 템플턴을 본보기로 선정했다. 이들보다 나은 투자성적을 거둔 사람도 있을 것이고, 더 나은 투자방법을 제시한 사람도 있을 것이다. 그러나 일반 투자자들이 정보를 접하기 편리하고, 대중적으로 널리 알려진 인물들 중에서 투자 스타일이 다른 사람들을 대표로 선정했다. 그 기준은 다음과 같다.

첫째, 외국 투자자들만 소개했다. 국내 투자자라면 독자들에게 뜻하지 않은 편견을 심어줄 수 있기 때문이며, 또한 거론된 장본인에게도 의도하지 않은 영향을 끼칠 수 있기 때문이다.

둘째, 투자기간은 최소한 30년을 기준으로 했다. 한 세대 이상 투자에 성공한 사람이라면 우리가 본받기에 충분한 원칙과 기술을 가지고 있으리라 판단하기 때문이다. 단, 피터 린치는 13년밖에(?) 안 되는 투자경력을 갖고 있지만 그의 투자성과와 투자원칙을 종합적으로 판단했을 때 일반인이 투자를 배우는 데 적합하다고 판단했다.

셋째, 저서가 충분히 나와 있는 사람을 선택했다. 아무리 투자실력이 좋아도 출판을 하지 않아 다른 사람이 알 수 없다면 따라 할 수가 없다. 워런 버핏의 경우는 그가 직접 쓴 책은 없지만 그가 회장으로 있는 버크셔 해서웨이의 연차보고서를 통해 그의 투자 스타일을 알 수 있으며, 그의 투자를 관찰한 다른 사람이 쓴 책들 중에서도 그의 투자에 대해 잘 설명하는 책이 있기 때문에 대상에 포함시켰다.

넷째, 가능한 한 투자 스타일이 중복되지 않도록 했다. 특히 기업을 분석하는 방식과 포트폴리오 기업의 개수 등을 기준으로 했다. 필립 피셔는 5개 이하의 집중투자를 선호한 반면, 버핏은 20~30개를 선호했고, 존 보글은 아예 시장 전체를 사들여야 한다고 주장한 사람이다.

투자방식에 있어서도 양적 분석을 중요시 한 피터 린치와 질적 분석을 중요시 한 필립 피셔, 양자를 송합한 워런 버핏, 분석은거녕 모든 기업을 담아야 한다는 존 보글까지 분석방법이 모두 다르다. 또한 피터 린치는 기업탐방을 매우 중요하게 여겼으나 워런 버핏은 기업탐방보다 기업의 보고서를 더 중요하게 생각했다.

## 워런 버핏 & 벤저민 그레이엄[23]

다른 매체를 통해 널리 소개된 바와 같이 벤저민 그레이엄은 워런 버핏의 컬럼비아 경영대학원 재학시절 스승이었다. 그레이엄의 《현명한 투자자》, 《증권분석》 등을 읽은 버핏은 책의 내용을 한 단어도 빼놓지 않고 외울 정도로 가치투자에 사로잡혀 있었다. 실제로 버핏은 그레이엄 교수의 수업에서 모두 A+를 받았다고 한다. 이후 버핏은 그레이엄의 투자회사인 그레이엄-뉴먼에

서 2년간 일했고, 이곳에서 배운 경험으로 그의 고향 오마하에서
투자조합을 열었다.

여러분이 대략 미국 인구만큼인 2억 2,500만 마리의 오랑우탄을
모을 수 있고, 동전 던지기를 해서 승자만 남는 게임을 한다면 20번
성공한 오랑우탄은 215마리만 남는다. 이때 215마리 중 40마리가
오마하의 특정 동물원에서 온 사실을 발견했다면 그곳에는 무엇인
가 특별한 것이 있다는 것에 대해 상당한 확신을 가지게 될 것이다.
–벤저민 그레이엄, 《현명한 투자자》 중에서

그레이엄과 버핏, 그들은 가치투자에 대해 강한 자신감과 자부
심을 가지고 있었다. 그레이엄은 《현명한 투자자》 말미에 '그레
이엄과 도드 마을의 위대한 투자자들'이라는 별첨을 작성하여
그들이 가치투자를 통해 이룬 성과를 보여주었다.

그들은 서로 다른 장소에 가서 서로 다른 주식을 사고팔았다.
그러나 그들의 공통적인 주제는 이것이다. 즉 어떤 기업의 가치
와 그 기업의 작은 일부에 대한 시장에서의 가격에서 차이를 찾
는 것이다. 가격과 가치의 차이만 활용하는 것이다. 그들은 단순
히 두 가지 변수, 즉 가치와 가격에만 집중한다.

버핏의 친구인 월터 슐로스(Walter Schloss)는 대학에 가본 적이
없다. 그는 투자편람에서 숫자만 찾아보고 연차보고서를 보는 것
이 전부다. 그는 항상 100종목 이상을 보유함으로써 엄청나게 분
산투자를 해왔다.

버크셔 해서웨이의 부회장 찰리 멍거(Charlie Munger)의 친구 릭 게린(Rick Guerin)은 USC의 수학 전공자였다. 1965년부터 1983년까지 S&P보다 316% 높은 누적수익률을 거두었는데, 이는 22,200%에 달하는 것이다.

스탠 펄미터(Stan Perlmeter)는 미시간 대학에서 인문학을 전공했고, 광고업체의 파트너로 일했다. 그는 분기 이익추정을 보지 않는다. 그는 내년도 이익추정도 보지 않는다. 그는 어떤 기관의 투자분석 자료에도 관심을 갖지 않는다. 그는 가격 모멘텀, 거래량 등에도 관심을 갖지 않는다.

이들은 모두 다른 시기, 다른 장소에서 다른 기업에 투자했다. 공통점은 가치와 가격의 차이에만 집중했다는 점이다.

버핏은 1965년에 그가 투자하고 있는 세 분야의 주식에 대해 밝혔다.


1. 일반주식 : 일반적으로 장기간 보유해야 할 저평가된 주식
2. 워크아웃 주식 : 매각, 합병, 개편 중인 유가증권
3. 경영권 인수 주식 : 상당한 규모의 주식을 소유해서 조합이 기업 경영권을 인수하는 주식


1번 주식은 일반적인 가치투자를 말하는 것이지만 2번과 3번은 우리에게 낯설다. 그러나 버핏에게 있어 세 부류의 투자법은 같은 원칙 아래 놓여 있는 투자다. 가장 낮은 위험하에서 가장 높은 수익을 올릴 수 있는 방법이기 때문이다.

버핏은 통계수치에 대단히 밝다. 그는 이를 바탕으로 하여 기업의 적정 가치를 빠르게 계산하는 능력을 가지고 있다. 그렇기 때문에 기업이 위기상황에 빠졌을 때 신속하게 투자를 결정한다. 2008년 금융위기 때도 골드만삭스와 GE에 투자를 결정하며 그의 빠른 투자감각을 선보인 바 있다.

벤저민 그레이엄은 《현명한 투자자》에서 더욱 자세하게 그의 투자원칙을 보이고 있다. 어쩌면 그레이엄의 저서라면 글자 하나 빼놓지 않고 읽은 버핏은 그레이엄의 투자원칙에 전적으로 동의하기 때문에 별도의 투자서적을 집필하지 않는지도 모른다.

《현명한 투자자》에서 소개하는 투자원칙을 살펴보면, 지속적으로 평균 이상의 성과를 향유하기 위해서 투자자는 ① 본질적으로 건전하고 유망하며 ② 월가에서는 인기 없는 투자방법을 따라야 한다고 한다.


1. 지나치지 않게 적절히 분산투자를 해야 한다. 이는 최소 10개, 최대 30개 정도의 종목을 의미한다.
2. 선택된 종목들은 대형 회사로 전망이 밝으며 보수적으로 자금 운용을 하는 회사여야 한다. 이런 수식어들이 불명확하지만 일반적 의미는 분명하다.
3. 각 회사는 오랫동안 배당지급을 계속했어야 한다(최소 10년간 계속된 배당지급 요건을 고수해야 한다. 다우존스 산업지수에서는 마이크로소프트 한 종목을 제외한 전 종목이 이에 해당되고 S&P500 지수에서는 적어도 317개 종목이 해당된다. 20년간의 연속 배당지

급을 조건으로 하더라도 크게 엄격한 것은 아니다. 2002년 말 현재 S&P500 중에서 255개 종목이 이 조건을 충족한다).

4. 투자자는 회사의 과거 약 7년에 걸친 평균 이익의 25배(PER 25), 지난 12개월간 이익의 20배(PER 20)를 넘지 않을 것을 권한다.


■방어적인 투자자들을 위한 투자원칙

1. 회사의 적정 규모 : 중소기업은 제외

2. 충분히 건실한 재무상태 : 제조업체의 경우 유동자산이 적어도 유동부채의 2배(유동비율 200% 이상)는 되어야 한다. 또한 장기 부채가 순유동자산 미만이어야 한다.

3. 수익의 안정성 : 과거 10년 동안 매년 수익을 기록해야 한다.

4. 배당기록 : 최소 과거 20년 동안 배당이 중단 없이 지급되어야 한다.

5. 이익의 성장 : 3년 평균 주당 순이익이 지난 10년 동안 최소한 1/3 이상 증가했어야 한다.

6. 적당한 주가수익배수(PER) : 현재 주가가 3년 평균 순이익의 15배 이상이어서는 안 된다.

7. 적당한 주가 대 자산의 비율 : 현재 주가가 지난 결산기 장부가치의 1.5배 이상이어서는 안 된다. 하지만 15배 미만의 주가/이익 배수는 상대적으로 높은 주가/자산 배수를 정당화시켜 준다. PBR(대략 주가/장부가치 비율)에 PER를 곱한 결과가 22.5 미만이어야 한다.

■ 적극적인 투자자들을 위한 투자원칙

1. 재무상태 : 유동자산이 유동부채보다 최소한 1.5배 이상일 것.
   부채가 순유동자산의 110%를 넘지 않을 것(제조업체의 경우).
2. 수익 안전성 : 최근 5년 동안 적자가 없을 것.
3. 배당기록 : 약간의 현금배당이 있을 것.
4. 이익 증가 : 작년 이익이 4년 전보다 많을 것.
5. 주가 : 순유형자산의 120%보다 작을 것.


버핏은 이후에 소개될 투자자들과는 다른 점이 있다. 그는 펀드매니저가 아니다. 그는 자기 자본을 운용한 직접투자자다. 그를 비판하는 사람들은 그가 펀드매니저가 아니기 때문에 그의 수익률을 다른 펀드매니저와 단순 비교하는 것은 옳지 못하다고 말한다. 그는 펀드매니저가 겪는 것처럼 고객들의 환매요구를 당하지 않기 때문에 그렇다고 한다. 하지만 그에게도 버크셔 해서웨이의 주주가 있다.

오히려 버핏은 펀드매니저들이 갖추지 못한 능력을 하나 더 가지고 있다. 그것은 사업가로서의 기술이다. 그가 구입한 주식의 가격이 오르면 수익률이 높아져 좋지만 가격이 내려가면 그도 마찬가지로 손실을 경험한다. 이는 모든 펀드매니저들이 갖는 약점이다.

이때 그는 하락한 가격에 주식을 매입하며 동시에 그 회사의 경영권마저도 손에 쥔다. 경영권을 행사하여 불필요한 자산을 매각하거나 사업구조를 변경함으로써 기업을 우량하게 만든다. 사

**148**

업가적인 기술을 가지고 있기에 주가가 오르든 내리든 그는 수익을 올린다.

이러한 능력은 주식가치를 평가하는 데도 도움이 된다. 기업을 분석할 때 재무제표를 넘어서서 기업이 산업 내에서 차지하는 위치, 소비자들에게 다가서는 이미지 등 사업의 다양한 요소를 투자판단의 근거로 사용한다. 이것이 그를 세계 최고의 투자가로 만든 비결이다.

## 피터 린치[24]

마젤란 펀드(세계 1위 펀드회사인 피델리티의 대표 펀드)로 유명한 피터 린치는 1944년 미국 보스턴에서 출생했다. 11세부터 골프장 캐디로 일했고 1969년 피델리티에 리서치 애널리스트로 입사했다. 그는 어린 시절부터 일했던 골프장에서 만난 투자 전문가들과의 교류 덕분에 투자에 대한 정보를 얻을 수 있었고, 일자리도 구할 수 있었다.

입사 9년 차 되던 1977년에 린치는 마젤란 펀드를 맡았다. 당시 펀드 운용자산은 1,800만 달러였고, 13년 후인 1990년에는 140억 달러를 기록했다.

누적수익률 2,700%, 연평균 수익률 29.2%보다 더 뛰어난 것은 운용하는 13년 동안 단 한 해도 마이너스 수익률을 기록하지 않았다는 사실이다. 그 기간 중에는 1987년 주가 대폭락도 있었다.

그는 1990년 47세의 나이에 은퇴를 선언했다. 단 13년 동안의 투자경력만 보았을 때는 앞에서 언급한 투자자 선정원칙에 맞지 않는다. 하지만 그가 이룬 투자성과를 보았을 때 이러한 방법으로 30년, 혹은 그 이상을 운용하더라도 충분히 시장을 능가하는 수익률을 올릴 수 있으리라 확신하기에 그를 투자대가의 명단에 포함시켰다.

린치는 가장 확실한 투자정보는 기업방문을 통해서만 얻을 수 있다고 말한다. 발로 뛰어 얻은 정보가 고급 정보이고, 시간과 노력을 투자하지 않고서는 주식투자에서 성공할 수 없다는 것이 그의 지론이다.

그가 취급한 종목은 1만 5,000개에 이른다고 하는데 13년 동안 기업방문을 계속했다면 하루 평균 3.8개 기업에 이르는 엄청난 양이다(1년 근무일을 300일로 계산). 각 지역의 투자 컨퍼런스를 방문하여 수십 개 기업을 소개받거나 하루 세 끼를 기업 관계자들과 함께 식사하며 기업에 대한 정보를 얻는 등 남다른 노력을 기울여 얻은 결과였다.

그의 저서는 《피터 린치의 이기는 투자》, 《전설로 떠나는 월가의 영웅》, 《증권투자로 돈 버는 비결》[25]이 있다.

린치는 투자를 설명하는 첫 단계로 투자자의 자질을 다루었다. 첫째, 자기 소유의 집을 가지고 있는가? 둘째, 여유자금으로 투자하는가? 셋째, 주식투자에서 성공할 만한 개인적 자질을 갖고 있는가? 이 세 가지 질문에 독자들이 답변하게 함으로써 투자에서 중요한 요소는 '투자자'임을 분명히 하고 있다.[26]

또한 그는 완벽한 기업은 다음과 같은 조건을 만족시켜야 한다고 말했다.

1. 따분하게(또는 우스꽝스럽게) 들린다.
2. 따분한 사업을 한다.
3. 무언가 혐오감을 일으키는 성질의 사업을 한다.
4. 그것은 일종의 분리 독립된 자회사다.
5. 기관들이 보유하고 있지 않으면 증권분석가들도 취급하지 않는다.
6. 소문이 무성하디(유독성 폐기물과 판런이 있거나 마피아가 개입되어 있다).
7. 무언가 침울하게 만드는 면이 있다.
8. 성장이 전혀 없는 업종이다.
9. 남들이 거들떠보지 않는 틈새에 위치해 있다.
10. 사람들이 꾸준히 사는 업체여야 한다.
11. 테크놀로지를 사용하는 업체여야 한다.
12. 내부자들이 자사 주식을 산다.
13. 회사에서 자기 주식을 되사고 있다.

이 원칙은 우리가 기존에 알고 있던 것과는 사뭇 다르다. 그러나 마피아가 개입되었다는 둥의 이야기는 농담으로 받아들이더라도 10번 이후의 원칙은 진지하게 받아들일 필요가 있다. 남들(기관 투자가들조차도)이 거들떠보지도 않는 인기 없는 기업일지라

도 성장 가능성(11, 12, 13번)만 있다면 그 기업은 충분한 투자가
치가 있다(심지어는 완벽하다)고 강조하고 있다.

그의 투자원칙은 《피터 린치의 이기는 투자》에 25개의 투자황
금률이라는 이름으로 종합적으로 정리되어 있다.


1. 투자는 재미있고 흥분되지만 위험하다. 기업에 대한 분석을 제
   대로 하지 않는다면 말이다.
2. 투자자로서의 강점은 월가의 전문가들로부터 얻는 것이 아니
   다. 당신이 이미 갖고 있는 것이다. 당신이 잘 알고 이해하고
   있는 기업이나 산업에 투자하는 식으로 자신의 강점을 활용한
   다면 전문가들보다 더 높은 수익률을 올릴 수 있다.
3. 지난 30년간 주식시장은 전문 투자가 집단이 지배해왔다. 일
   반적인 믿음과는 반대로 전문 투자가 집단이 주식시장을 장악
   하고 있었기 때문에 개인 투자자가 주식투자를 하기는 더 쉽
   다. 당신은 전문 투자가 집단을 무시함으로써 주식시장 평균보
   다 더 높은 수익률을 달성할 수 있다.
4. 모든 주식 뒤에는 기업이 있다. 기업이 무엇을 하고 있는지 파
   악하라.
5. 몇 달간, 심지어 몇 년간 기업의 실적과 주가가 따로 노는 경우
   도 종종 있다. 그러나 장기적으로 보면 기업의 실적과 주가는
   100% 같이 가게 되어 있다. 장기적으로 기업의 성공과 주식의
   성공은 100% 상관관계가 있다. 기업의 성공과 주식의 성공 사
   이의 괴리가 돈을 벌게 해주는 핵심 요인이다. 인내심은 보답

받으며, 성공하는 기업의 주식을 갖고 있어도 역시 보답을 받는다.

6. 자신이 어떤 주식을 왜 갖고 있는지 납득할 만한 이유를 말할 수 있는가? '이 주식은 반드시 오를 거야' 라는 생각은 별로 중요하지 않다.

7. 위험성이 큰 투기는 거의 언제나 예상을 빗나가 손실을 내게 마련이다.

8. 주식을 보유하는 것은 아이를 키우는 것과 같다. 잘 돌볼 수 있는 수준 이상으로는 보유하지 마라. 다른 일을 하면서 주식투자를 하는 시간제 투자자라면 아마도 8~12개 기업을 꾸준히 추적하면서 상황에 따라 사고팔 수 있는 시간이 있을 것이다. 그러나 8~12개 기업을 계속 분석하되 어떤 경우라도 한 번에 5개 이상의 기업에 투자할 필요는 없다. 5개 이상의 기업으로 포트폴리오를 구성할 필요는 없다는 말이다.

9. 매력적이라고 느껴지는 기업이 없을 때는 마음에 드는 주식이 나타날 때까지 돈을 은행에 넣어두라.

10. 재정상태를 이해하지 못하는 기업에는 절대 투자하지 마라. 주식투자에서 가장 큰 손실은 재무구조가 취약한 기업에서 발생한다. 투자하기 전에 언제나 기업이 채무 지불능력이 충분한지 대차대조표를 통해 꼼꼼히 살펴보라.

11. 집중적인 관심을 받고 있는 성장산업의 최고 인기 주식은 피하라. 비인기 · 저성장 산업의 위대한 기업이야말로 꾸준히 높은 수익을 안겨준다.

12. 소형주에 투자할 때는 그 기업이 흑자로 돌아설 때까지 기다린 후에 투자하는 것이 낫다.

13. 침체된 산업에 투자할 생각이라면 살아남을 수 있는 기업의 주식을 사라. 또 침체된 산업이 회복 기미를 보일 때 사라. 예를 들어 마차를 몰 때 쓰는 채찍이나 진공관 라디오는 절대 회복될 수 없는 침체산업이다.

14. 1,000달러를 주식에 투자한다면 잃을 수 있는 최대한의 돈은 1,000달러다. 하지만 인내심만 있다면 당신이 벌 수 있는 돈은 1만 달러, 심지어 5만 달러가 될 수도 있다. 펀드매니저들은 수많은 기업으로 투자를 다각화해야 하지만 개인 투자자는 몇 개의 좋은 기업에만 집중할 수 있다. 너무 많은 주식을 보유하고 있으면 소수의 좋은 기업에 집중할 수 있다는 강점을 잃어버린다. 평생의 투자를 가치 있게 만들기 위해 필요한 것은 소수의 고수익 기업이다.

15. 모든 산업, 모든 지역에서 위대한 성장기업을 먼저 찾아낸 이들은 전문가가 아닌 주의 깊은 개인 투자자였다.

16. 주식시장이 하락하는 것은 1월에 눈보라가 치는 것만큼이나 일상적인 일이다. 대비만 되어 있다면 주가하락이 당신에게 타격을 줄 수 없다. 주가하락은 공포에 사로잡혀 폭풍우 치는 주식시장을 빠져나가려는 투자자들이 내던진 좋은 주식을 싸게 살 기회다.

17. 누구나 주식시장에서 돈을 벌 수 있는 머리는 있지만 아무나 배짱을 갖고 있는 것은 아니다. 만약 당신이 주가하락에 두려

움을 느끼며 모든 것을 팔아치우는 성격이라면 주식투자는 물론 주식형 펀드투자도 피해야 한다.

18. 부정적인 소식과 걱정거리는 늘 있게 마련이다. 주말에 너무 깊이 생각하지 말고 뉴스의 부정적인 전망은 무시하라. 주식을 팔려면 그 기업의 펀더멘털이 악화됐을 때 팔아라. 세상이 무너질 것 같다는 이유로 주식을 팔지는 마라.

19. 금리를 예측할 수 있는 사람은 아무도 없다. 앞으로의 경제상황과 주식시장의 향방을 예측할 수 있는 사람도 없다. 이런 전망은 깨끗이 잊고 당신이 투자한 기업에 실제로 어떤 일이 벌어지고 있고 어떤 변화가 일어나고 있는지에만 집중하라.

20. 10개 기업을 분석했다면 처음에 생각했던 것보다 경영상황이 훨씬 더 좋은 기업을 1개 정도는 발견할 수 있을 것이다. 50개 기업을 분석했다면 5개를 발견할 수 있을 것이다. 주식시장에는 언제나 투자자를 행복하게 만드는 놀라운 기회가 숨어 있다. 전문 투자가들이 간과하고 있는 탁월한 기업들이 그 기회다.

21. 기업에 대해 전혀 공부하지 않고 주식에 투자하는 것은 포커를 칠 때 카드를 보지 않고 돈을 거는 것과 같다.

22. 뛰어난 기업의 주식을 보유하고 있다면 시간은 당신 편이다. 당신은 인내심을 갖고 기다려도 좋다. 월마트를 상장 후 첫 5년간 사지 못했다 해도 그 이후 5년 동안 월마트를 사서 보유하면 된다. 첫 5년을 놓쳤다 해도 그 다음 5년간 투자해도 좋을 만큼 월마트는 위대한 주식이었다.

23. 주식투자를 할 만한 배짱을 갖고 있지만 기업을 꼼꼼히 분석할 만한 성격도 아니고 시간도 없다면 주식형 펀드에 투자하라. 주식형 펀드에 분산투자하려면 성장형 펀드, 가치형 펀드, 소형주 펀드, 대형주 펀드 등과 같이 서로 다른 운용 스타일을 가진 몇 개 펀드에 돈을 나눠 넣어라. 똑같은 성격의 펀드 6개에 투자하는 것은 분산투자가 아니다. 투자한 펀드가 하나든, 몇 개든 펀드 수익률이 좋다면 변덕스럽게 환매하지 말고 계속 갖고 있어라.

24. 미국 주식시장은 지난 10년간 전 세계 주요 주식시장 중 여덟 번째로 총 수익률이 좋았다. 고성장 국가에서 수익을 얻고 싶다면 자산의 일부는 과거 운용성과가 좋은 해외펀드에 투자하라.

25. 잘 선정된 주식들로 이뤄진 포트폴리오나 주식형 펀드는 장기적으로 봤을 때 채권이나 MMF보다 수익률이 좋다. 잘못 고른 주식들로 구성된 포트폴리오는 장롱 속에 숨겨둔 돈보다도 수익률이 좋지 못했다.


## 필립 피셔[27]

필립 피셔의 저서로는 《위대한 기업에 투자하라》, 《보수적인 투자자는 마음이 편하다》, 《나의 투자철학》이 있다.

그는 1907년 미국에서 출생했다. 1928년 증권분석가로 투자업계에 발을 내디뎠으며, 1931년 투자자문회사 피셔앤드컴퍼니를 설립했다. 1950년대에 텍사스 인스트루먼츠와 모토로라에 투자했고, 텍사스 인스트루먼츠는 1980년대, 모토로라는 2000년대까지 보유했다.

1955년 텍사스 인스트루먼츠의 주가는 14달러였다. 여기에 1만 달러를 투자했다면 1996년 199만 3,846달러가 되었을 것이다. 19,838%의 누적수익률, 연평균 508.67%라는 기록적인 수익률을 올리는 결과를 낳았다.

그의 투자업적은 1950년대에 '성장주(growth stocks)'라는 개념을 소개해 월스트리트의 두자흐름을 완전히 바꾸어놓있다는 데 있다. 그는 특히 투자대상 기업을 고를 때 최고경영자의 탁월한 능력과 미래에 대한 계획, 연구개발 역량 등을 가장 중요한 요소로 평가해야 한다고 강조했다. 한마디로 그는 기업의 질적 요인을 무엇보다 중시한 것이다. 그런 점에서 기업의 재무제표와 계량적 분석을 중시한 벤저민 그레이엄과는 구별된다.

그의 투자 바구니에는 10개 미만의 주식이 담겨 있다. 그중 주식 보유비중은 3~5개에 70%가 집중되어 있다. 그의 투자원칙은 매우 정교하다. 일반인이 접근하기 어려운 기업의 속사정을 들여다보고 기업의 질적인 요인을 분석한다.

《보수적인 투자자는 마음이 편하다》에 소개한 그의 투자철학을 살펴보자.

1. 장기적으로 매우 뛰어난 순이익성장률을 달성할 수 있는 치밀

한 계획을 갖고 있으며, 이러한 성장세를 새로이 시장에 진입하는 경쟁자가 쉽게 빼앗을 수 없을 정도로 제품이나 서비스의 질이 탁월한 기업의 주식을 매수하라.

2. 이런 주식이 시장에서 외면받을 때 매수할 수 있도록 주의를 집중하라.

3. 이런 주식을 매수했다면 다음 두 가지 경우가 나타날 때까지 보유하라. 첫째, 최고경영진의 교체로 인해 경영능력이 저하됐을 때처럼 기업 본질에 근본적인 변화가 생겼을 경우. 둘째, 더 이상 경제 전체의 성장률보다 빠르게 성장할 수 없는 상태에 이르렀을 경우. 단, 극히 예외적인 경우로 만약 경제 전반이나 주식시장 전체가 어떻게 변할지 도저히 예측하기가 어려울 정도로 불확실할 때라면 팔아라.

4. 기본적으로 주가상승에 따른 평가차익을 주목적으로 하는 투자자라면 배당금을 너무 중시해서는 안 된다. 가장 매력적인 투자기회는 수익성은 탁월하지만 배당금은 적게 주거나 아예 지급하지 않는 기업에서 나타나는 경우가 많다.

5. 약간의 실수를 저지르는 것은 빼어난 투자수익을 얻기 위해 투자하는 데 따르는 불가피한 비용이다. 수익성이 가장 좋은 최고의 대출은행들조차 어느 정도는 부실대출을 감수하는 것과 마찬가지다.

6. 정말로 뛰어난 기업은 그리 많지 않다. 이런 기업의 주식을 매력적인 가격대에 매수하기란 무척 어렵다. 따라서 뛰어난 기업의 주가가 괜찮은 수준에 있다면 최대한 그 이점을 자기 것으

로 만들어야 한다.

7. 성공적인 주식투자의 기본적인 요소는 지금 증권가를 지배하고 있는 의견을 무조건 맹신하지 말 것이며, 그렇다고 단순히 역발상 투자를 위해 널리 받아들여지고 있는 시각을 무조건 무시해서도 안 된다는 것이다.

8. 인간사의 다른 대부분의 분야에서도 그렇지만 주식투자에서 성공할 수 있는가의 여부는 얼마나 열심히 노력하고, 얼마나 많은 지식을 쌓고, 얼마나 정직하게 행동하는가에 달려 있다.

이러한 그의 투자철학은 《위대한 기업에 투자하라》에서 '투사 대상 기업을 찾는 15가지 포인트'로 더 구체화된다.

1. 적어도 향후 몇 년간 매출액이 상당히 늘어날 수 있는 충분한 시장 잠재력을 가진 제품이나 서비스를 갖고 있는가?

2. 최고경영진은 현재의 제품 생산라인이 더 이상 확대되기 어려워졌을 때도 신제품이나 신기술을 개발하고자 하는 의지가 있는가?

3. 기업의 연구개발 노력은 회사의 규모를 감안할 때 얼마나 생산적인가?

4. 평균 수준 이상의 영업조직을 갖고 있는가?

5. 영업이익률은 충분히 거두고 있는가?

6. 영업이익률 개선을 위해 무엇을 하고 있는가?

7. 돋보이는 노사관계를 갖고 있는가?

8. 임원들 간에 훌륭한 관계가 유지되고 있는가?

9. 폭넓은 기업 경영진을 보유하고 있는가?

10. 원가분석과 회계관리 능력은 얼마나 우수한가?

11. 해당 업종에서 특별한 사업부문을 갖고 있으며, 이는 경쟁업체에 비해 얼마나 뛰어난 기업인지 알려주는 중요한 단서를 제공하는가?

12. 이익을 바라보는 시각이 단기적인가, 아니면 장기적인가?

13. 가까운 장래에 증자할 계획이 있으며, 이로 인해 주주이익이 희석될 가능성은 없는가?

14. 경영진은 모든 것이 순조로울 때는 투자자들과 자유롭게 대화하지만 문제가 발생하거나 실망스러운 일이 벌어질 때는 입을 꾹 다물어버리지 않는가?

15. 의문의 여지가 없을 정도로 진실한 최고경영진을 갖고 있는가?

피셔 역시 다른 가치투자자들과 마찬가지로 투자종목의 보유 기간을 무한대로 보고 있다.

주식을 매수할 때 해야 할 일을 정확히 했다면 그 주식을 팔아야 할 시점은 거의 영원히 찾아오지 않을 것이다.[28]

그가 소개하는 '해야 할 일'은 세 가지다.

첫째, 뛰어난 투자 전문가, 기업체 임원(특정 업종에 대한 고급 정

보를 가진 사람), 과학자들을 만나서 대화를 나눈다. 둘째, 대차대
조표, 사업계획서 등 공개된 자료를 조사한다(필요한 정보를 충분
히 얻을 수 없는 상황이면 조사를 중단한다). 셋째, 해당 기업의 경영
진을 만난다(좋은 질문과 답변은 함수관계다).

## 존 보글[29]

그의 저서로는 《모든 주식을 보유하라》, 《투자의 정석》, 《성공
하는 투자전략 인덱스 펀드》기 있다.

1929년 미국 뉴저지 주 베로나에서 출생한 존 보글은 프린스턴
대학을 졸업한 후 웰링턴 매니지먼트 컴퍼니에 입사하여 회장 자
리에까지 오른 후 1974년 뱅가드 회사를 설립했다. 그는 이후
1976년 인덱스 펀드를 세계 최초로 개발했다.

인덱스 펀드란 금융시장이나 시장 부문 전체의 실적을 따라가
도록 수많은 달걀(주식)을 담은 바구니(포트폴리오)다. 한마디로
'시장' 그 자체이기도 하다.

인덱스 펀드의 반대는 액티브 펀드(Active Fund)로서 펀드매니
저가 자신의 판단으로 종목, 수량, 매매시기 등을 결정한다. 그러
나 인덱스 펀드는 시장을 쫓아가는 펀드이기 때문에 펀드매니저
의 능력은 크게 부각되지 않는 소극적인 펀드(Passive Fund)다.

보글은 인덱스 펀드가 액티브 펀드보다 수익률 면에서 우수하
다고 주장한다. 전체 시장으로 구성된 펀드는 시간이 흐르면 주

식투자자 전체가 얻는 수익을 반드시 넘어서게 되어 있다는 것이 그의 주장이다.

실제로 1995년 이후 10년간 누적수익률을 보면 뱅가드 500 인덱스 펀드는 210.49%를 올렸고, 마젤란 펀드는 163.23%를 올려 '시장'을 이긴다는 것은 결코 쉬운 일이 아님을 여실히 보여주고 있다. 심지어 뱅가드 500 인덱스 펀드는 자산규모 면에서 2000년 피델리티 마젤란 펀드를 앞질러 단일 펀드 업계 1위에 오르기도 했다.

2006년 9월 20일, 펀드공모 30주년 기념 만찬에서 펀드인수단 법률고문은 자신이 공모가격 15달러에 1,000주를 샀다고 말했다. 1만 5,000달러를 투자한 것이다. 그는 그날 저녁 자신이 보유한 주식(펀드 배당금을 재투자해서 늘어난 주식 포함)의 가치가 46만 1,771달러라고 공표했다(30년간 2,978%의 수익률, 연평균 99%, 복리 12.1%).

–《투자의 정석》p. 61

국내에도 인덱스 펀드가 점차 소개되며 투자자들의 관심을 높이기 위한 시도가 이어지고 있다. 유리자산운용은 인덱스 펀드와 액티브 펀드의 10년간의 운용성과를 비교하자는 대결을 홈페이지(http://yurieasset.co.kr:82/)에 발표하여 투자자들의 관심을 모으고 있다.

보글은 특히 낮은 수수료를 강조한다. 그는 펀드회사들이 높은 수수료로 투자자들을 착취한다고 독설을 내뱉기도 했다. 그래서 그는 판매수수료 없는 인덱스 펀드를 만들어내어 투자자들이 펀드 관련 비용을 최소한으로 낮출 수 있게 했다. 자산 대비 운용비용은 평균 0.27%로 뮤추얼 업계 평균인 1.32%를 크게 하회하고 있다.

인덱스 펀드 자체가 소극적인 펀드이기 때문에 펀드매니저에게 의존하는 정도가 매우 낮고, 펀드매니저의 역할도 제한적이기 때문에 가능한 일이지만 그의 철저한 절약정신에 힘입은 바도 적지 않다.

"최대한의 이익을 투자자에게 돌린다"는 투자철학을 가진 보글은 비행기의 일등석도 타지 않고, 메모를 할 때도 종이를 잘라서 쓴다. 절약된 1페니마다 보글의 지문이 묻어 있다는 농담이 나올 정도로 그는 절약을 중시한다.

이 책에서 소개한 다른 투자대가들도 마찬가지 모습을 보인다. 30달러로 신혼집의 모든 가구를 구입한 피터 린치도 그렇고, 세계 1, 2위 부자가 된 지금도 10만 달러의 연봉을 받고 25달러짜리 스테이크와 콜라를 마시는 워런 버핏도 절약이 몸에 밴 투자자다.

보글은 주당 순이익(EPS)과 주가수익률(PER)을 각각 베이글과 도넛에 비유했다. 베이글은 딱딱하지만 영양 덩어리이고, 도넛은 부드럽고 달콤하지만 몸에는 별로 득이 안 된다는 뜻이다. 베이글인 배당수익과 EPS증가율은 투자적 수익이라 하고, 도넛인 PER는 변동이 심하기에 이를 통한 시세차익을 투기적 수익이라

했다.

또한 그는 주식을 자주 사고파는 것을 경계했다. 지수를 추종하여 설계된 상장지수 펀드(ETF : Exchange Traded Fund)에 대해서도 방식은 인덱스 펀드를 따라 했지만, 거래도구로 사용된다면 단기 투기일 뿐이라고 말했다.

《투자의 정석》에서 언급한 보글의 투자원칙을 살펴보자.


1. 단순성(Simplicity) : 시장을 이기려고 하지 말고 시장과 어울리려고 해야 한다. 간단명료하게 시장 평균 수익률을 노려야 한다는 얘기다. 또한 자산배분은 전술적이기보다는 전략적이어야 한다.

2. 집중성(Focus) : 주당 순이익, 배당성향, 이자수익 등 투자의 경제적 요소를 극대화하고, 증시의 상황에 따라 가변적인 주가수익비율 등 투자의 비경제적 요소를 최소화해야 한다.

3. 효율성(Efficiency) : 경제적 자산운용을 의미하는 것으로, 투자자들의 수익을 감소시키는 각종 수수료와 세금을 최소화하는 방향으로 자산을 운용해야 한다.

4. 성실성(Stewardship) : 투자자들의 이익을 최우선시해야 하는 것으로, 인간의 가치, 성실, 정직 등의 미덕을 지키는 데 한 치도 양보해서는 안 된다.

# 존 템플턴[30]

　1912년 미국 테네시 주에서 태어난 존 템플턴은 2008년 93세를 일기로 사망했다. 그는 템플턴 재단을 만들었고 1973년부터 인류애와 종교적 성취가 뛰어난 인물을 선정해 시상하는 템플턴 상을 제정했으며, 이 일을 계기로 1987년 엘리자베스 2세 영국 여왕으로부터 기사 작위를 수여받았다.

　투자자로서 그의 경력은 조금 특이하다. 1937년부터 월가에서 활동을 시작하여 1939년 제2차 세계대전 중에 뉴욕증권거래소에서 1달러 미만으로 기대되던 기입 104개 종목을 지인의 돈 1만 달러를 빌려 투자했다(이미 그에게는 그 돈을 갚을 만한 투자 포트폴리오가 있었다. 오해하면 안 된다). 104개 종목 중 최종적으로 파산한 것은 4종목에 불과했다. 1년 만에 원금을 모두 돌려주고 4년 정도 보유한 후 팔았는데, 빌려준 돈을 갚고도 3만 달러 이상이 남았다고 한다.

　존 템플턴은 1943년에 투자자문사를 설립하여 1992년 회사를 매각할 때까지 50여 년간 회사를 경영했는데, 1954년 출범한 템플턴 그로스 펀드는 2004년 9월 말까지 60,000%의 수익률을 올렸다.

　그의 투자원칙은 앞서 언급한 투자자들과 같은 것을 찾기 어렵다. 왜냐하면 《템플턴 플랜》, 《열정》, 《존 템플턴의 성공론》, 《존 템플턴의 행복론》 등 그의 서적은 대부분 정신적인 만족, 행복을 다루고 있기 때문이다.

로버트 허먼이 쓴 《존 템플턴》에 일부 나타난 그의 투자원칙을 살펴보면 다음과 같다.

1. 회사의 전체 자산가치를 그 회사가 발행한 주식 수로 나누어 주가보다 싸면 매입해도 좋다. 이때의 자산가치는 장부상의 가치가 아니라 시장가치다. 따라서 그 회사의 모든 투자자산의 시장가치를 파악해야 한다.
2. 투자할 때는 업종별로 다른 투자지표를 사용해야 한다. 석유회사의 경우에는 현금흐름을 중시하고, 식료품 체인점은 순이익을, 광산회사는 고갈되기까지의 기간을 중요하게 여겨야 한다.
3. 무엇보다 대부분의 사람들이 공포에 사로잡혀 비관론에 빠져 있을 때를 찾아야 한다.

그의 투자를 간략히 요약하면 분산투자와 역발상투자라 할 수 있다. 그는 템플턴 그로스 펀드를 만들고 전 세계에 투자했다. 이 펀드는 1997년 우리나라의 외환위기 당시 한국 증시에 투자하여 분산투자와 동시에 그의 투자원칙 3번을 만족시켰다.

투자자로서 명성을 얻은 템플턴이 투자방법론 서적보다는 자기계발서와 같은 형이상학적인 서적의 집필에만 몰두했다는 점은 조금 아이러니하다.

하지만 워런 버핏의 동업자인 버크셔 해서웨이 부회장 찰스 멍거는 투자강의를 할 때 강의시간 대부분을 투자철학 강의로 일관한다는 점, 다른 투자대가들의 투자서적에서도 삶의 자세에 대한 언급이 빠지지 않는다는 점 등을 감안한다면 그가 투자에서 가장 중요하게 여긴 요소는 역시 '투자자' 라는 생각이 든다.

## 가치투자 따라잡기

앞서 말한 대로 투자는 기술이 아니라 삶의 방식이다. 가치투자 역시 삶의 방식 중 하나다. 지금까지 언급한 투자대가들의 투자방법은 모두 다르지만 기본적인 투자철학은 궤를 함께하고 있다. 그것은 바로 '가치투자' 다.

가치투자는 가격이 가치보다 낮을 때 사서 이익을 취하는 투자방법이다. 가치투자를 표방하지 않는 이들도, 소비생활을 하는 가정주부들도 생활 속에서는 가치를, 가격 대비 가치를 생각하고 지갑을 열기에 가치투자 방법이 그렇게 낯설지만은 않을 것이다.

가치투자자들은 다음 세 가지 명제에 모두 동의한다.

1. 기업(주식)의 가치는 측정 가능하다. 정확한 금액을 표시할 수

**168**

는 없다 하더라도 현재의 주가가 가치보다 비싼지 싼지에 대한 판단을 내릴 수는 있다.

2. 주가는 기업가치에 수렴한다. 수렴한다는 말은 시간이 지날수록 주가가 기업가치에 가까워진다는 뜻이다. 주가는 매일, 매시간 움직이지만 장기간에 걸친 방향은 기업의 가치가 나아가는 방향을 따라간다.

3. 시장은 비합리적(비효율적)이다. 벤저민 그레이엄은 시장을 미스터 마켓(Mr. Market)이라고 의인화하며 그를 굉장히 다혈질적인 인물로 묘사했다. 시장은 호재에 과도하게 상승하고, 악재에 과도하게 하락하며, 가치투자자들에게 지속적인 투사기회를 제공한다는 것이다.

다음 그래프는 가치투자를 더 쉽게 설명하기 위해 도식화한 것이다. 주가는 시간이 지남에 따라 상승과 하강 곡선을 그린다. 그러나 (가치가 지속적으로 성장하는) 기업의 가치는 다음 그래프의 별색 선처럼 꾸준히 상승하는 직선을 보인다.

가치투자는 주가가 별색 선(가치) 이하로 거래될 때 매입기회가 발생한다. 일반적으로 투자는 고위험 고수익(High Risk High Return)이라고 알려져 있다. 그러나 가치투자는 주가가 하락할수록 수익이 높아진다.

다시 말해 A시점보다는 B시점이 주가가 낮아 위험이 더 작다고 할 수 있다. 그러나 수익은 A보다는 B가 더 높다. 왜냐하면 주가가 낮아질수록 가치와 가격의 차이는 커지기 때문에 수익은 높

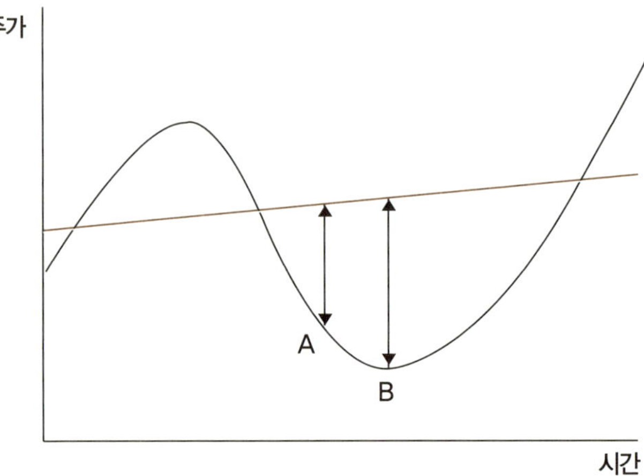



아진다(저위험 고수익). 이것이 안전마진(Margin of Safety)이다.

우리는 위의 그래프에서 세 가지 투자방법을 읽을 수 있다.

첫째, 특정 시점의 가치를 측정하여 주가의 저평가 시점을 판단한다. 이를 통해 고평가된 주식을 매입하여 손실위험을 제거할 수 있다.

둘째, 저평가 시점에서 매수한 주식이 제 가치에 이르면 매도하여 안전마진을 수익으로 전환한다.

셋째, 가치가 증가하는 주식, 즉 별색 선이 우상향하는 기업을 선택한다면 주가가 제 가치에 도달해도 매도하지 않고 지속적으로 보유함으로써 더 높은 수익을 올릴 수 있다.

대부분의 장기 투자자들은 세 번째 방법을 사용하여 시장수익률보다 높은 수익을 오랫동안 지속할 수 있었다.

**170**

# 문제는 가치다

　가치투자의 이론은 이렇듯 간단하다. 그러나 이 간단함에 함정이 숨어 있다. 그것은 다름 아닌 '가치'를 측정하는 방법이 명확하지 않다는 점이다. 가치투자의 맹점을 공격하는 사람들이 입을 모아 강조하는 점도 바로 가치측정 방법에 있다.

　가치는 본래 주관적이다. 사람마다 다르며, 시기마다 다르다. 불황기에는 은행 이자율만큼이라도 수익이 난다면 좋은 투자처라 생각하지만 호황기에는 은행 이자율 이상의 수익률을 원한다.

　다음 세 그래프는 긍정적, 부정적, 중립적 관점으로 바라본 기업의 가치를 나타낸다.

　다음 그래프는 롯데제과의 주가 그래프다. 다른 투자자들로부터 가치투자주로 불리는 기업이지만 이 기업의 가치를 지나치게

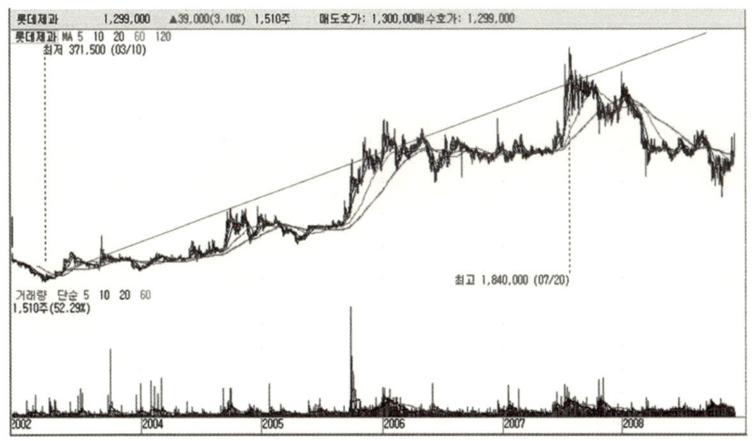

높게(그래프상의 직선) 평가한다면 만족할 만한 수익을 올리지 못할 수 있다.

거의 대부분의 시기가 저평가되어 있다고 판단하기 때문에 매입 후 고평가 시기를 이용해 주식을 매도하겠다는 생각을 가진 투자자라면 그럴 기회를 거의 포착하지 못할 가능성이 높다.

다행히도 이 기업의 실적과 가치가 지속적으로 증가하기 때문에 계속 주식을 매입하기만 하고 매도하지 않은 투자자는 제법 높은 수익을 거둘 수 있다. 만일 가치가 하락하거나 일정한 상승곡선을 그리지 못하는 기업이라면 이렇게 가치를 고평가하여 투자하는 방법은 위험할 수 있다.

그렇다고 다음 그래프처럼 기업의 가치를 낮게 평가한다면 대부분의 시기가 고평가되어 있기 때문에 주식을 매수할 시기를 결정하기가 쉽지 않다. 부정적이거나 비관적인 투자관점을 가진 투

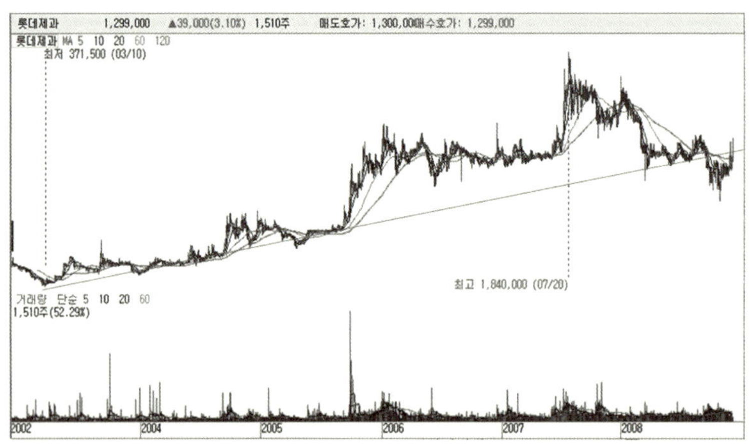

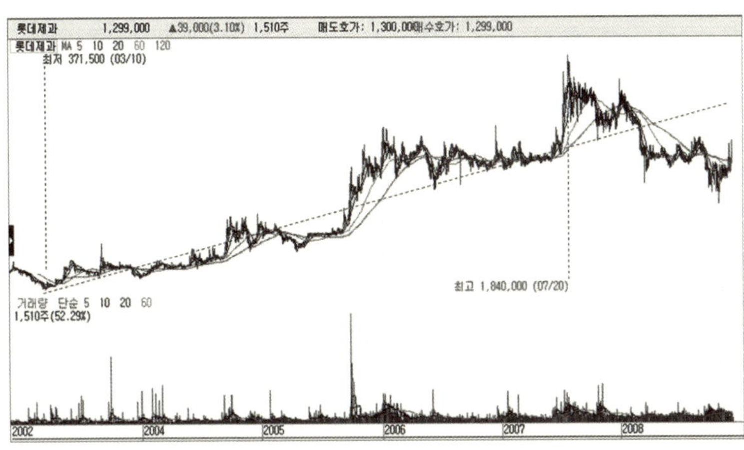



자자라면 항상 시장 밖에 머물면서 주가가 급락할 것이라는 전망만을 내놓을 것이다.

위의 그림처럼 중도적인 그래프를 그릴 수 있다면 적절한 매입시기와 매도시기를 결정할 수 있다. 그러나 '중도'를 그리는 것만이 투자의 정석은 아니다. 투자자의 가치관, 투자목적, 재정상황에 따라 때로는 극단적인 가치의 태도를 보이는 것도 중요한 투자방법이 될 수 있다.

기업의 가치를 측정하는 직선이 극단적인 양 극단에 위치하든, 혹은 중간의 어느 지점에서 주식의 저·고평가를 결정하든 그것은 바로 투자자의 가치관 및 재정상황, 외적인 경제상황 등의 요인에 달려 있다. 다시 말하자면 투자자가 어떤 가치관에 근거하여 결론을 도출하는가에 따라 현시점에 대한 다른 판단을 내릴 수 있다는 뜻이다.

데이터는 가치 중립적이라 언급한 바 있다. 그러나 투자판단은 가치 함축적이다. 따라서 데이터는 투자자가 가지고 있는 가치관을 객관화하는 방향으로 사용될 따름이다. 시장에 긍정적인 투자자라면 긍정적인 신호를 보이는 데이터를 사용할 것이고, 반대 생각을 가진 투자자라면 부정적인 신호를 보이는 데이터를 사용하여 자신의 주장을 펼칠 것이다.

투자에 관한 일반적인 견해는 데이터를 통해 (긍정 혹은 부정의) 투자 포지션을 갖는다는 생각이 일반적이지만 가치판단에 대한 기본적인 바탕은 (데이터의 신호와 무관하게) 이미 투자자 본인이 가지고 있다. 대부분의 투자자들은 투자를 하기 전에 어떠한 방향으로 갈지 미리 결정하고 투자에 임한다. 단지 데이터는 그의 투자방향을 강화시켜주는 보조작용만 할 뿐이다.


## 가치분석의 지표


기업의 가치를 판단하는 방법은 크게 두 가지다. 하나는 청산가치이며, 다른 하나는 계속가치다. 청산가치는 기업을 청산할 때 보유자산을 매각하여 받을 수 있는 잔존가치이며, 계속가치는 기업이 지속적으로 생존한다는 전제하에서 이 기업으로부터 얻을 수 있는 수익을 뜻한다.

자산주로 분류되는 기업 중에는 보유 부동산의 가치가 장부상의 가격보다 높아서 높은 가격에 주식이 거래되기도 하며, 시가총액이 기업이 보유한 유동자산에도 못 미치는 경우가 있어 이러한 경우 가치투자자들의 타깃이 되기도 한다. 경제불황기에는 보유자산이 주가를 지지하는 마지노선이 되는 경우가 많기 때문에 청산가치는 불황기 투자에 참고할 만한 지표가 되기도 한다.

계속가치는 기업이 창출하는 이익의 크기를 뜻한다. 이익을 판단하는 지표로는 순이익 및 현금흐름이 있으며, 주주 측면에서는 배당이 있다.

### ■순이익

기업의 매출에서 각종 비용을 제하고 나면 순이익이 남는다. 순이익을 자기자본으로 나누면 기업의 자기자본이익률(ROE : Return on Equity)을 알 수 있는데, 기업이 얼마나 효율적으로 사업을 하고 있는지 판단할 수 있는 지표가 된다.

### ■배당

기업을 바라보는 시각에 따라 배당을 중요시하는 입장도 있고, 중요시하지 않는 입장도 있다.

자본주 이론(기업은 주주의 것이기 때문에 배당을 주는 것은 오른쪽 주머니의 돈을 왼쪽 주머니로 옮기는 것일 뿐 주주 입장에서는 아무런 차이가 없다는 의견)을 따르는 사람은 기업이 배당을 하든 하지 않든 주주이익의 총량은 변함이 없으며, 오히려 세금을 내지 않고 이익을 그대로 기업 내부에 유보할 수 있기 때문에 배당을 반대한다.

반면 기업 실체론(기업을 주주와는 별개의 실체로 보아 기업이 주주로부터 받은 자본에서 발생한 이익은 반드시 주주들에게 배당으로 돌려주어야 한다는 의견)을 따르는 사람은 배당을 통해 기업이 주주들에게 이익을 환원해야 한다고 주장한다.

### ■ 현금흐름

감가상각 등 비현금지출 등을 제외하고 실제 현금의 유입·유출만으로 기업의 수익을 평가할 수 있다는 장점이 있다. 최근 들어 현금흐름에 대한 중요성이 높아지고 있어 주가현금흐름비율(PCR : Price Cashflow Ratio) 지표가 개발되기도 했지만, 아직은 현금흐름을 투자지표로 본격적으로 활용하고 있지는 않다(이러한 점을 시장기회로 보는 사람은 현금흐름에 대해 깊이 있는 연구를 하여 현금흐름을 투자지표로 한 투자법을 만들어 투자에 활용하는 것도 좋은 투자방법이 될 것이다).

# 투자지표 선정 05

## 지표란 무엇인가

투자원칙을 구체화할 수 있는 매개체는 투자지표다. 예를 들어 누군가가 한복을 짓고자 한다면 옷감에 대고 옷을 마름질할 수 있는 '옷본'이 있어야 한다. 투자지표는 바로 그 '옷본'이다. 옷본을 통해 그가 가진 아이디어를 구체적인 의상으로 실현시킬 수 있다.

마찬가지로 투자지표는 데이터를 정보로 전환해준다. 숫자로 나열된 기업의 재무실적을 '투자 가능'과 '투자 불가능'으로 판단하기 위한 옷본이 바로 투자지표다.

투자지표는 한 기업의 현재 상황을 보여준다. 또한 과거와 현재의 실적을 비교(종단적 분석)할 수 있다. 기업의 성장성을 알 수 있으며, 다른 기업과 비교함으로써 기업 간의 우열(횡단적 분석)을 가릴 수 있다.

한 가지 유의해야 할 것은 자신의 투자원칙에 맞는 투자지표를 사용해야 한다는 점이다. 기업의 활동상황을 나타내는 지표는 매우 많지만 그중 자신의 투자기준에 맞는 지표를 가려내어 사용해야 한다. 기업의 안정성을 중요시하는 투자자가 부채비율이나 유동비율을 사용하여 투자대상을 고르지 않고 주가수익배율이나 자기자본이익률만 사용한다면 본인이 의도한 투자를 하지 못할 것이다.

또한 기업 간의 차이를 설명하지 못하는 지표도 있다. 본사의 위치, 사업장의 숫자, 기업의 역사, 주식의 액면가 등은 기업의 역량을 설명하기에는 부족한 지표다.

## 투자지표의 종류

투자지표는 크게 질적 지표와 양적 지표로 나눈다.

질적 지표는 기업의 마케팅 역량, 브랜드 가치, 연구개발팀의 능력, 최고경영자의 비전, 시장지배력, 소비자 충성도 등 숫자로 표시할 수 없는 내용을 담고 있다. 이러한 지표의 대부분은 기업탐방, 시장조사 등을 해야만 알 수 있는 고급 정보지만, 기업공시, 사업설명서, 재무제표의 주석 부분을 통해 부분적으로 파악하는 방법도 있다.

일례로 코스닥에 등록된 모 반도체칩 개발업체는 사업보고서에서 "생산제품은 특정 제품군 또는 주문화에 특화되어 있기 때문에 회사의 영업실적은 국내외 경기에 따라 변동될 수 있다"며 "반도체 산업 특성상 관련 영업환경의 변화에 효율적으로 대응하지 못한다면 영업위험을 초래할 수 있다"고 언급하고 있다.

자사의 제품 역량 및 산업 특성에 있어 위험요인(질적 정보)을 제시하는 노력은 사업보고서에서 일반적으로 볼 수 있는 것은 아니지만 기업에 대한 신뢰도를 높일 수 있다는 점에서 많은 투자자들의 찬사를 받고 있다. 공시에 대한 규제가 강화되고, 주주 관계가 강화되는 현재의 트렌드를 본다면 기업의 자기 고백형 보고서는 앞으로 너 낳아실 것으로 예상되기에 공개되는 정보에 대한 중요성을 간과해서는 안 된다.

양적 지표는 재무제표를 통해 드러나는 계량화된 지표로서 비교가 용이하다는 장점이 있다. 그러나 일반적으로 통용되는 지표이기 때문에 정보로서의 희소성은 거의 없다고 봐도 무방하다. 그럼에도 불구하고 양적 지표를 근간으로 하지 않은 투자는 무의미하다. 특히나 투자를 큰돈을 버는 일이라기보다는 손해를 보지 않는 일이라는 관점에서 바라본다면 '투자할 기업'을 찾는 일보다는 '투자하지 않을 기업'을 고르는 데 투자지표를 활용하는 것만큼 탁월한 선택은 없다.

양적 지표를 세분화하면 수익성 지표, 안정성 지표, 성장성 지표, 활동성 지표로 나눌 수 있고, 주식 및 주가(투자자 가치)와 비교한 시장가치비율 역시 중요한 양적 지표다.

## 모든 지표는 재무제표에 있다

기업의 재무제표는 다음 그림으로 표현한 대차대조표, 손익계산서 이외에도 현금흐름표, 이익잉여금처분계산서 등 4종이 있다. 이 가운데 투자지표에 빈번하게 활용되는 것은 앞의 두 가지 재무자료다.

그림에서 대차대조표는 별색 선을 사용했으며, 손익계산서는 검은색 선을 사용하여 이후 각 지표의 항목이 재무제표의 어느 부분에 해당되는지 한눈에 알 수 있게 했다.

**대차대조표**

| 자산 | 부채 |
|------|------|
|      | 자본 |

**손익계산서**

| 매출 | 비용 |
|------|------|
|      | 이익<br>(손실) |

대차대조표는 회계연도 결산일의 자산, 부채, 자본상황을 표현한 자료다. 손익계산서는 회계연도 동안 발생한 매출, 비용, 이익에 관한 사항을 적은 자료다. 대차대조표가 결산일의 상태를 표시한 자료라면, 손익계산서는 회계연도 동안의 성과를 표시한 자료라는 특성이 있다.

기업지표를 활용할 때도 '시점(Moment)'을 기준으로 한 횡단적 분석(투자시점의 기업 간 지표 비교)과 '시기(Period)'를 기준으로 한 종단적 분석(최근 수년간 동기업의 지표 추이)을 병행해야 한다. 특정 시점의 우량성과 장기간에 걸친 우량성은 분명히 다르기 때문이다.

투자지표는 수익성 지표, 성장성 지표, 안정성 지표, 활동성 지표, 시장가치 지표 등이 널리 사용되는데 그중 활동성 지표는 제조업에 국한된 지표이기에 이곳에서는 설명하지 않기로 한다.

수익성 지표는 기업의 투입자원에 대한 산출물의 효율성을 알아보기 위한 지표다. 투입자원은 기업을 바라보는 측면에 따라 다르다. 자산을 투입물로 보는 관점(기업실체론)도 있고, 자기자본만을 투입물로 보는 관점(자본주 이론)도 있다.

성장성 지표는 기업의 종단적 분석이다. 과거의 실적과 현재의 실적을 대비하여 일정 기간 동안 얼마나 성장했는가를 보는 지표로서 기업의 일시적인 호황세가 아닌, 본래 체질을 알아볼 수 있는 좋은 지표가 된다. 충분한(최소 5년 이상) 과거 자료를 바탕으로 성장세를 확인해야 지표가 가진 유효성을 배가시킬 수 있다.

안정성 지표는 계속기업 가능성을 확인하는 지표다. 기업이 도산하는 가장 큰 원인은 부채와 이자를 상환하지 못하는 것이다. 매출이 줄어들어서 기업이 망하지는 않는다. 따라서 기업이 자기자본에 비해 얼마만큼의 부채를 가지고 있는지, 벌어들이는 수익에서 이자를 감당할 수 있는지를 확인하는 것이 기업의 안정성을 측정하는 중요한 척도가 된다.

시장가치 지표는 기업의 측면에서 우량성을 측정하는 앞의 세

지표와는 달리, 투자자의 입장에서 바라보는 기업의 가치다. 1주당 순이익(EPS)이나 1주당 순자산(BPS)을 통해 투자자가 주식 1주를 보유했을 때 얻을 수 있는 가치를 손쉽게 계산할 수 있도록 도와준다. 게다가 주가로 이들 지표를 나누면 현재 가격에 대한 주식의 가치(PER 및 PBR)를 구할 수 있어 현재 주가가 고평가되었는지 여부를 알 수 있다.

## 수익성 지표

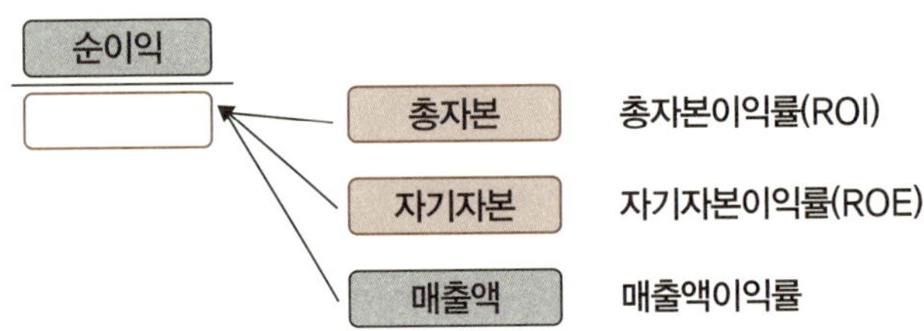



기업의 수익성은 오로지 (당기)순이익으로 대변된다.

위의 그림처럼 기업의 수익성을 판단하기 위해서는 순이익을 총자본, 자기자본, 매출액 등 각각의 지표로 나누면 구할 수 있다. 각각 자산(자기자본+타인자본)의 효율적 활용, 자기자본의 효율적 활용, 영업활동의 효율을 알 수 있다.

## 성장성 지표

기업실적의 성장세를 알기 위해서는 금년도 실적뿐 아니라 전년도 실적도 필요하다. 다음 그림에서처럼 '(당기실적−전기실

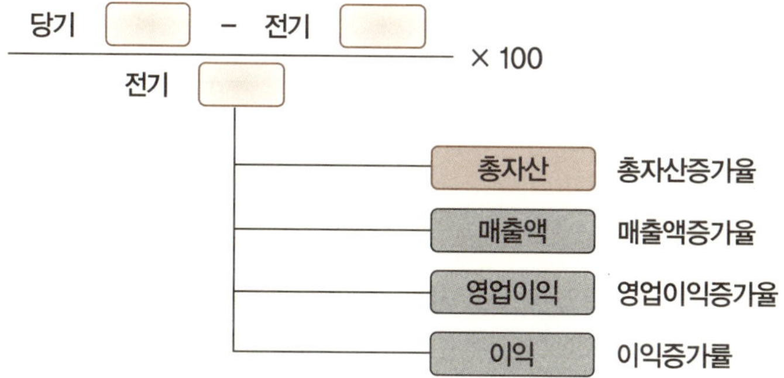


적)/전기실적=금년도 증가율' 의 식을 사용하여 연간 성장률을 구한다.

총자산, 매출액, 영업이익, 순이익 이외에도 더 많은 지표의 증가율을 구할 수 있으니 투자원칙별로 자신에게 필요한 증가율 지표를 만들어보는 것도 의미 있는 분석이다.

## 안정성 지표

기업의 도산 가능성은 타인자본, 즉 부채에 의해 결정된다. 다음에 소개하는 다섯 가지 이외에도 더 많은 안정성 지표가 있다.

예를 들면 유동비율을 더 엄격하게 적용한 당좌비율(유동비율 계산식에서 유동자산 대신 당좌자산을 사용)이나 고정장기적합률(고정자산/장기자본[자기자본+고정부채]) 등이 있으니 안정성을 더 중요한 투자원칙으로 삼는 투자자들은 이러한 지표들을 더 많이 활용하는 것이 좋겠다.

특히 은행산업에서는 국제결제은행(BIS: Bank for International Settlements) 기준 자기자본비율을 금융감독원에서 감독할 정도로 은행 건전성의 중요한 지표로 삼고 있다.

## 시장가치 지표

지금까지 언급한 투자지표가 기업 자체의 수익성과 안정성을 나타내는 것이었다면 지금 언급하는 시장가치 지표는 투자 대비 가치(수익성)를 보기 위한 것이다.

종목 검색시간을 줄이고자 하는 투자자들은 시장가치 지표를 먼저 살펴보는 것도 좋은 방법이다. 왜냐하면 아무리 좋은 기업이라도 가격이 비싸면 투자수익성이 나빠지기 때문이다. 우선적으로 투자가치를 살피고, 그 다음으로 기업가치를 살피는 것도 분석시간을 절약하는 요령이다.

배당은 주주들에게 직접적인 수익을 안겨준다. 자본주 이론을 신뢰하는 투자자나 대주주, 자본소득이 많은 이들은 배당이 탐탁지 않을 것이다. 그러나 가치투자의 기본은 과실이 발생하는 데 있다고 여러 차례 언급한 바 있기에 배당의 중요성은 이미 알고 있으리라 생각한다. 배당 관련 지표는 다음과 같다.

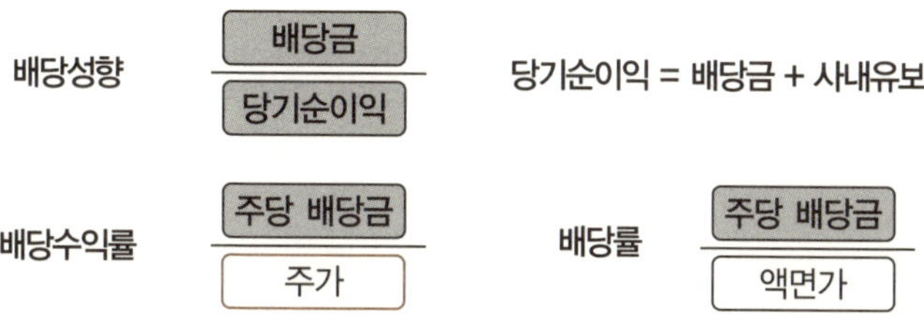


　배당성향은 이익 중에서 배당을 어느 정도 하는가를 보는 지표이고, 배당수익률은 투자자가 시세차익 이외에 직접적인 수익을 얻는 부분을 백분율로 표시한 것이다. OO산업 주식 1주를 10만 원에 샀는데 배당으로 3,000원을 받았다면 배당수익률은 3%가 된다.

　한 가지 유의할 점은 배당률과 배당수익률은 다르다는 점이다. 위의 사례에서 OO산업의 액면가가 5,000원이라고 한다면 배당률은 60%다. 배당률을 배당수익률로 잘못 알고 투자한다면 곤란해진다.

　시장가치 지표 중에서 가장 흔하게 사용되는 지표들을 다음 그림에 소개했다. 수익성 지표와 안정성 지표로 활용되는 순이익과

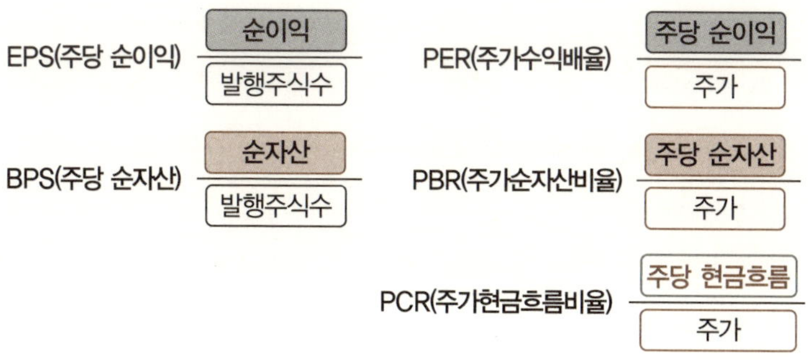

순자산(자산-부채)이 주식과 결합하면 EPS, BPS를, 주가(투자가치)와 결합하면 PER와 PBR를 만들어냈다(최근 들어 현금흐름과 EBITDA에 대한 중요성이 점차 높아지고 있다. 순이익만으로는 설명할 수 없는 비현금지출(감가상각) 등에 대한 분석이 가능하다는 장점이 있어 많은 투자자들이 지표로 활용하고 있는데, 이 책에서는 이러한 지표들을 '순이익'의 범주에서 함께 다루고자 한다).

결국은 배당(투자수익), 순이익(수익성 관련), 자산(안정성 관련)의 세 가지 관점으로 투자지표가 압축된다. 물론 이보다 더 복잡한 투자지표도 있다(EV/EBITDA, 토빈의 q, EVA, 베타($\beta$)계수 등). 기존의 투자지표 이상을 설명하기 어려운 지표도 있으며, 추정이 포함되어 양적 지표가 갖는 고유의 기능인 가치중립성을 상실한 지표도 있다. 하지만 더 심도 있는 기업분석을 원하는 투자자라면 더 많은 지표, 더 정교한 지표를 사용해도 무방하다. 단, 더 높은 투자성과를 거둘 수 있다고 보장해줄 수는 없다.

## 산업별 지표

투자지표는 산업별로 다르게 적용해야 한다. 제조업 지표인 활동성 지표는 금융업에서는 구할 수조차 없다(매출액이나 재고자산의 개념이 은행에는 없다). 반면 은행산업에서는 순이자마진율([이자수익-이자비용]/평균 운용자산) 등의 지표를 사용하는 등 다른 지표가 중요시된다.

지표의 가장 큰 장점은 비교 가능성이지만 산업을 넘나드는 비교는 무의미하다. 제조업의 ROE와 금융업의 ROE는 산출방법이 동일할지라도 그 숫자가 가지는 의미는 다르다.

일례로 국내 은행의 2008년 평균 ROE는 7.8%라고 한다. 반면 삼성전자의 ROE는 11%다. 이것으로 삼성전자가 국내 은행보다 효율적인 경영을 하고 있다고 단정 지을 수는 없다. 산업별 환경이 다르고, 금융업이 가진 특성과 제조업이 가진 특성은 분명히 다르기 때문이다.

또한 저성장산업에 속하는 기업의 ROE와 고성장산업에 속하는 기업의 ROE는 질적으로 다르다. 양 산업에 속하는 두 개의 기업이 동일한 ROE를 보이더라도 산업 내에서 해당 기업의 시장지배력, 산업 전체의 ROE 및 성장선 등을 감안하여 개별 기업의 ROE를 판단해야 한다.

## 투자대가들이 활용한 투자지표

피터 린치가 《전설로 떠나는 월가의 영웅》에서 언급한 투자지표는 다음과 같다.

1. 매출액
2. 주가수익배율(PER) : 수익성장률과 비교하여 성장률보다 낮으면 저평가되었다고 했다.
3. 현금보유 상황
4. 부채요인

5. 배당금

6. 현금흐름

7. 재고자산

8. 연금제도

9. 성장률

10. 순이익(Bottom Line)

그는 이처럼 매우 기초적인 데이터에 주목했다. 자산 항목에서는 현금보유액의 증감을 주의 깊게 보았고, 이를 발행주식수로 나누어 주당 현금보유액의 수준을 파악했다. 또한 장기 부채보다 현금보유액이 더 많으면 파산 염려가 없다고 보아 안정성을 파악하는 지표로 활용했다.

워런 버핏이 사용한 양적·질적 투자지표는 다음과 같다.[31]

1. ROE : 12% 이상

2. 총자본이익률(ROTC : Return On Total Capital) : 12% 이상(은행, 금융회사는 ROA 1% 이상)

3. 주당 순이익이 상승추세인가?

4. 이익의 다섯 배 이하의 장기 부채 : 재무관리를 보수적으로 하고 있는가?

5. 브랜드

6. 노조의 강성 여부

7. 제품가격 인상이 원가상승과 연동 가능한가? : 시장지배력, 통제력 등

8. 유보이익의 활용처

9. 기업이 자사주를 매입하고 있는가?

10. 주가 대비 장부가치(PBR)가 꾸준히 상승하는가?


조엘 그린블란트가 《주식시장을 이기는 작은 책》에서 언급한 투자지표는 자본수익률과 이익수익률이다.

$$\text{자본수익률} \ = \ \frac{\text{EBIT(세전영업이익)}}{\text{투입유형 자본(순운선자본+순고정자산)}}$$

$$\text{이익수익률} \ = \ \frac{\text{EBIT}}{\text{기업가치(주식시가총액+순이자부담부채)}}$$

켄 피셔는 《3개의 질문으로 주식시장을 이기다》에서 PER를 역수로 한 E/P(수익–주가비율)와 PSR(Price Sales Ratio : 주가매출액비율)를 사용하여 자신의 투자를 설명했다.


앞에서 살펴본 네 명의 투자자의 투자지표는 몇 가지 공통점이 있다.

첫째, 많지 않은 수의 투자지표를 사용한다는 점, 둘째, 난이도 높은 투자지표를 사용하지 않는다는 점, 셋째, 교과서에 소개된 지표를 자신의 투자철학에 맞게 일부 수정하여 활용하는 점 등을 들 수 있다.

조엘 그린블란트는 시가총액이 아니라 기업가치라는 지표를 사용했는데, 시가총액과 순이자부담부채를 더한 수치를 기업가치라 하여 세전영업이익을 나누어 이익수익률을 구했다.

필립 피셔의 아들인 켄 피셔는 PER를 거꾸로 뒤집어 PER 20이 아니라 5% E/P라는 지표로 투자기업을 분석했다. 뿐만 아니라 그는 PSR를 처음으로 개발했다.

워런 버핏은 10년치 이상의 순이익을 사용하여 기업의 적정 가치를 산출했고, 질적 지표인 브랜드, 노조의 강성 여부 등도 그가 활용한 투자지표였다.

인덱스 펀드에 투자함으로써 아무것도 모르는 투자자가 실제로 대다수 투자 전문가들을 능가하는 실적을 올릴 수 있습니다. 역설적이게도 '어리석은' 돈이 그 한계를 인정하면 더 이상 어리석은 돈이 아닙니다.

-워런 버핏, 1993년 연례보고서

우리가 경제에 대해 말할 때 결코 빠지지 않는 지표가 있다. 그것은 바로 주식시장의 주가지수다. 우리나라에는 KOSPI, KOSDAQ 지수가 있고 미국에는 다우존스, S&P500, NYSE, NASDAQ 지수 등이 있다.

이 시장지수들은 해당 시장에 상장되어 거래되는 모든 기업의 시가총액을 가중평균하여 나타내는 지수들(KOSPI, KOSDAQ, NYSE, NASDAQ 등)도 있고, 일정한 기준을 만족시키는 기업들만

을 포함하는 지수들(KOSPI200, KRX100, 다우존스, S&P500 등)도
있다.

증권시장에 상장된 기업 전체를 투자 바구니에 담는 것만으로
도 충분히 좋은 투자수익률을 올릴 수 있다는 것은 이미 인덱스
펀드를 개발한 존 보글에 의해 입증되었기에 더 이상의 부연설명
은 하지 않겠다.

시장 전체를 담는 기술, 즉 인덱스 투자는 너무나 평범한 투자
다. 그러나 그 투자성과는 결코 평범하지 않다. 왜냐하면 증권시
장 상장기준을 충족시켰다는 것만으로 이미 충분한 투자적격 사
유를 가지는 셈이기 때문이다.

주식시장을 랜덤워크 이론(Random Walk Theory : 주가의 변화는
과거의 변화나 어떤 패턴에 제약을 받지 않고 독립적으로 움직인다는
이론)으로 바라본다면 개별 주식을 매수해서 그 성과를 기다리는
것보다는 시장 전체를 매수하는 것이 오히려 더 나은 투자가 될
수 있다.


## 한국과 미국의 주가지수


대한민국 주식시장에 투자하는 사람이라면 한 번쯤은 한국거
래소 홈페이지를 방문해보자. 그곳에 가면 80여 개나 되는 시장
지수를 만날 수 있다. 한국거래소는 시장지수를 4개 계열로 구분
하고, 다시 그 안에서 세부적인 지수를 만들어 투자자들에게 투

자정보를 제공하고 있다.

그중 자신의 투자 스타일에 맞는 지수를 발견하고 그 지수를 추종하는 간접투자상품에 가입하든가 혹은 그 지수를 벤치마크 지수로 하는 자신만의 포트폴리오를 구성하는 것도 좋을 것이다.

| KRX 계열 | KRX100<br>섹터 지수 | | |
|---|---|---|---|
| **KOSPI 계열** | KOSPI 지수 　KOSPI200 　KOSPI100 　KOSPI50<br>산업별 지수(21개) 제조업 지수 시가총액 규모별 지수(3개) | | |
| **KOSDAQ 계열** | KOSDAQ 지수 　KOSTAR 　KOSDAQ Premier 벤처 지수<br>IT 벤처 지수<br>산업별 지수(34개) 시가총액 규모별 지수(3개) | | |
| **특수 지수 계열** | KODI(배당실적이 우수한 50종목)<br>KOGI(기업 지배구조가 우수한 50종목) 외 다수 | | |

KOSPI와 KOSDAQ은 모든 종목의 기업을 포함하기 때문에 특별한 구성원칙이 없으니 이 가운데 KRX100과 KOSPI200 지수의 구성원칙과 종목에 대해 자세히 살펴보기로 하자.

## KRX100

KRX100은 유가증권 시장과 코스닥 시장의 대표 100종목으로 구성되어 있다. 선정기준을 보면 다음과 같다.

1. 기업규모 기준 : 일평균 시가총액(정기 변경월 전전월부터 3월)
2. 유동성 기준 : 일평균 거래대금(정기 변경월 전전월부터 1년)
3. 재무 기준 : 최근 3년간 사업연도 자기자본이익률과 최근 사업
   연도 유보율
4. 시장 유통성 기준 : 유동비율

이러한 4가지 기준으로 종목을 구성하고 있다.

2009년 12월 현재 100개 종목 중 유가증권 시장은 92개 종목, 코스닥 시장은 8개 종목으로 구성되어 있다.

두 시장의 시가총액 규모를 보았을 때 93:7이라는 큰 차이를 나타내고 있어 두 시장을 통합한다는 의미가 크게 부각되지 못하고 있다.

유가증권 시장 종목 92개 중 83개가 KOSPI200 구성종목과 중복되어 KOSPI200과의 차별성을 드러내는 데도 실패하여 독립적인 시장지수로서의 역할을 하지 못하고 있다. 또한 시가총액 규모 면에서 100위 안에 속하는 기업이 전체 종목 중 83%를 차지하고 있어 KOSPI 대형주(시가총액 100위 이내의 기업으로 구성)와도 차별화시키지 못하고 있다.

## KOSPI200

KOSPI200은 주가지수 선물 및 주가지수 옵션의 거래대상으로 개발된 주가지수다. 시장 대표성, 업종 대표성 및 유동성을 감안하여 유가증권 시장에서 선정된 200종목을 구성종목으로 한다.

1990년 1월 3일을 100p로 하여 유동주식수만 가중한 시가총액 방식으로 주가지수를 산출한다.

구성종목 선정방식은 상장기업을 어업, 광업, 제조업, 전기가 스업, 건설업, 서비스업, 통신업, 금융업 등 8개 산업군으로 분류하고, 제조업 이외의 산업군은 비제조업으로 정의하여 비제조업에 속하는 종목들을 먼저 구성종목으로 채용하고, 나머지 종목들은 제조업에서 채용한다. 선정을 위한 기초자료로는 1년간의 일평균 시가총액과 일평균 거래대금을 사용한다.

현재 KOSPI200의 구성종목을 살펴보면 200개 종목 중 140여 개 종목이 시가총액 200위 안에 드는 종목이다. 이는 시가총액 순위 70%가 일치하기에 800여 개로 구성된 유가증권 시장의 기업들 중 상위 200개를 산다고 생각하면 오히려 이해하기 편할 것이다. KOSPI100, KOSPI50은 각각 KOSPI200 종목 중 시가총액 상위 100개, 50개의 종목으로 구성되어 있다.

## 다우존스 공업지수

다우존스 공업지수(Dow Jones Industrial Average)는 1885년 〈월스트리트저널(Wall Street Journal)〉의 설립자인 찰스 다우(Charles H. Dow)가 철도 관련 주식 10개와 공업 관련 주식 12개의 일별 평균 가격을 산출하여 발표하는 것으로 시작되었다.

현재까지도 미국뿐 아니라 전 세계 투자자들의 이목은 500개 종목으로 구성된 S&P500이나 5,000개 종목으로 구성된 다우-윌셔5000 지수보다는 고작 30개 구성종목만을 가지고 있는 다우존스 지수에 집중하고 있다.

　다우존스 지수에 포함된 30종목은 각 산업을 대표하는 종목으로 구성되어 있다. 구성기업은 다음과 같다.

> 3M Co., Alcoa Inc., AT&T Inc., American Express Co., Bank of America Corp., Boeing Co., Caterpillar Inc., Chevron Corp., Cisco Systems, Coca-Cola Co., Du Pont, Exxon Mobil Co., General Electric Co., Hewlett-Packard Co., Home Depot Inc., Intel Corp., International Business Machines, Johnson & Johnson, J. P. Morgan Chase & Co., Kraft Foods Inc., McDonald's Corp., Merck & Co., Microsoft Corp., Pfizer Inc., Procter & Gamble Co., Travellers Cos Inc., United Technologies Corp., Verizon Communications Inc., Wal-Mart Stores Inc., Walt Disney Co.
>
> (2010년 3월 기준, 2년마다 변경)

　적은 구성종목으로 인해 다우존스 지수가 시장을 제대로 반영하지 못한다는 비판은 있다. 특히 지수를 구성하는 초대형주의 등락이 심하거나, 지수에서 빠진 업종이 급등락할 경우 지수 움직임이 왜곡될 수밖에 없다. 그럼에도 불구하고 다우존스 지수가 가진 상징성은 퇴색되지 않고 있다.[32]

## S&P500

신용평가사인 스탠더드앤드푸어스(Standard & Poor's)사가 뉴욕증권거래소와 나스닥에 상장된 기업 중 시가총액이 크고 거래량이 많은 우량기업 500개 사로 구성한 지수다. S&P500 인덱스 위원회는 지수에 편입시킬 후보종목을 찾는 데 다섯 가지 주요 기준을 사용한다.

1. 유동성(Liquidity) : 월간 거래주식수를 전체 주식수로 나눈 비율이 0.3 이상

2. 기본적 분석(Fundamental Analysis) : 수익성은 영업 기준으로 4개 분기 순수입이 흑자

3. 시장 자본금(Market Capitalization) : S&P500에는 시장 자본금 제한이 없다. 그러나 기준 지침에는 "S&P500에 편입되기 위해서는 미국의 선도산업 중에서도 선도기업이어야 한다"고 되어 있다.

4. 업종 대표성(Sector Representation) : 위원회는 전체 지수의 업종비중에 맞춰 각 업종의 비율을 유지하려고 한다. 이 같은 비율의 유지는 비중이 높은 업종에서 종목을 제거하는 것이 아니라, 비중이 낮은 종목에서 종목을 추가하는 방식으로 이루어진다.

5. 대표성 상실(Lack of Representation) : S&P는 대표성 상실 기업을 다음과 같이 정의했다. "만약 지수가 오늘 만들어졌다면, 해당 기업이 위에 열거한 기준 중 하나 이상을 만족하는 데 실

패했기 때문에 지수에 포함되지 않았을 것이다." 지난 75년간 S&P500 종목에서 탈락한 기업은 1,000개가 넘는데 대부분의 경우는 인수합병에 의한 것이다. [33]

# 워런 버핏이 오마하에 사는 이유

## 어느 염세주의자의 예측

2008년 가을, 인터넷상에 몇 건의 경제 관련 글을 올린 익명의 누리꾼으로 인해 온 나라가 술렁거렸다. 마치 세기말에 종말론이 기세를 누렸듯, Y2K가 국가정보망을 망가뜨릴 것처럼 위기설을 조장했듯, 그 누리꾼은 자기 주장을 뒷받침하는 지표만을 사용하여 미국발 한국행 경제위기를 마음껏 조롱했다.

그의 주장에 편승한 무비판적 지지자들의 무조건적인 충성과 일방적인 마녀사냥은 일반인들이 그의 주장을 객관적으로 바라볼 기회조차 박탈했다. 출판계에서는 이를 기회로 적은 돈이라도 벌어보려는 얄팍한 시도-그가 소개한 책이라는 부제를 붙여 책 판매를 늘려보려는-를 보이며 한국 경제교육의 천박한 현실을 적나라하게 드러내었다.

이 혼란을 통해 그가 얻은 것은 과연 무엇일까? 그가 가진 뛰어난 분석능력과 예지력에 대한 대중의 인정? 적당한 공명심? 혼란스러워하는 대중을 보며 느끼는 가진 자만의 우월감?

정말 대한민국을 사랑하는 사람이라면, 한 국가를 통해 부와 명예, 지식을 얻었다면 그것을 사용하는 방식도 국가를 위해서 사용해야 마땅하다. 자신의 의도 밑바탕에 한국에 대한 걱정이 있었다면 인터넷의 익명성을 이용한 혹세무민적인 행동은 적절하지 못했다. 초등학생 악플러처럼 자극적인 용어를 사용하여 대중을 선동하는 익명의 파괴자들은 더 이상 나타나서는 안 된다.

그가 주장한, 그러나 실현되지 않은 주가지수 500의 진실은 다음과 같다. 대한민국의 종합주가지수는 1980년 1월 4일을 100으로 하여 산출된다. 주가를 기업활동의 외화지표라 간주한다면 기업활동의 총량은 국가 경제의 총량과 거의 일치한다.

이러한 전제 아래 1980년 한국 경제를 100으로 놓고 1980년대 이후 경제성장률(실질성장률+물가상승률)을 복리로 계산하면 2007년 말에는 565가 나온다.[34] 단순하게 생각하면 이것이 그 누리꾼의 계산법이다. 하지만 그의 논리에는 허점이 있다.

주가를 경제성장 개념으로만 본다면 그의 주장에도 일리가 있지만, 1980년 이후 지속적으로 유입된 외국 자본, 외국 기업, 그리고 한국 기업의 해외 생산에 의한 이전소득, 외환보유액, 해외 원자재 가격 변동 등을 감안해야 한다.

그가 주장한 주가 820, 500 등의 비관적인 주장은 앞서 언급한 다양한 경제요인이 한국 경제의 규모를 증가시켰고, 주가상승의 긍정 요인이 되었다는 사실을 감안하지 않은 매우 비관적이고 소극적인 가정에 의한 수치다.

자신만의 비관적인 생각을 여과 없이 드러내어 건전한 사고를 하는 일반 대중을 유린했다는 사실은 지금도 그렇지만 향후에도 비판을 받아 마땅하다. 또한 제도권에서 경제 전문가라는 타이틀을 달고 대중들을 이끌어왔던 수많은 경제인들 역시 단 한 사람의 염세주의자의 삐뚤어진 경제관을 꾸짖지 못했다는 점 역시 통렬한 비판을 피할 수 없을 것이다.

이제 역술인이나 투자중계 방송인-예상이 맞으면 '그것 봐라 내 말이 맞지 않았느냐'고 열번을 토하고, 틀리면 언급조차 하지 않는-이 비판능력이 없는 일반 대중을 현혹하는 일은 사라져야 한다.

## 월가에는 마귀가 산다

겨우 미국 경제의 7% 정도 수준밖에 안 되는 한국이 이렇게 어지러운데 미국 경제, 특히 미국 주식시장은 어떠할지 생각해보면 저절로 고개를 젓게 된다. 동시에 워런 버핏이 오마하에 살지 않고 뉴욕에 살았다면 어땠을까 하는 상상을 해본다. 지금보다 더 많은 부를 얻었을까? 아니면 평범한 펀드매니저로 쓸쓸한 노후를 보냈을까?

워런 버핏을 '은둔의 경영자'라고 하며 긍정적인 평가를 하는 이들도 있지만, 월가의 주식중개인, 펀드매니저들의 워런 버핏에 대한 평판은 그리 좋지 못하다. 그가 회장으로 있는 버크셔 해서웨이에 대한 기업분석 리포트도 거의 없는 편이다.

왜 그런지 그들의 속내를 물어보지는 못했지만 우리 생활 주변에서도 얼마든지 찾아볼 수 있지 않을까? 남들 다 다니는 학원도 다니지 않고 교과서와 수업시간에만 집중해서 전국 수석을 한 학생을 온갖 참고서와 학원 강의에 시달린 일반 학생들이 좋아할까?

버핏은 월가 전문가들의 집단적 사고를 싫어한다.

학창시절에 공부 못하는 애들이 꼭 시끄럽게 떠들면서 "10번 답 3번이지? 너도 그렇게 생각하니? 나도 그렇게 생각해. 그럼 정답일 거야!"(사실 답은 1번이다) 하며 교실을 소란스럽게 한 기억이 있을 것이다. 열 사람이 모두 3번이라고 말한다고 오답이 정답으로 바뀌지는 않는다.

물론 자기실현적 예언이라고 열 사람이 오를 것이라고 믿고 그 주식을 사면 당연히 수요-공급 법칙에 의해 오른다. 하지만 그 효과는 오래가지 않는다. 실적이 나쁜 기업의 주식은 거품이 될 따름이다. 버핏은 그러한 신념으로 2000년 IT 버블을 피할 수 있었다.

투자는 민주주의가 아니다. 다수결에 의해 결정하는 정책도 아니고 소수를 배려하는 제도는 더더욱 없다. 그저 냉정한 생존게임에서 자신의 판단에 의해 살아남는 것만이 최선이다.

투자는 정답이 없는 게임이다. 그러나 한 가지 분명한 것은 남들이 하라는 대로 해서는 결코 남들의 머리 위에 설 수 없다는 사실이다. 내가 한 결정이 잘못된 것이라 할지라도 스스로 분석하고 결정하다 보면 분명히 개선된다.

모든 성공한 투자자들이 입을 모아 말한다.

"실패는 없다. 오로지 배움만이 남는다."


## 헬리콥터 뷰

투자지표는 단지 투자결정에 있어 부분적인 역할을 할 뿐 투자 전체를 대변하지는 못한다. 가치투자가 PER, PBR만 보고 투자하는 기법이 아닌 이유다. 투자지표로만 투자를 판단할 수 있다면 프로그램 매매가 가장 높은 수익률을 올리는 투자방법이 되었을 것이다. 마찬가지로 자동항법 장치가 비행기를 완전하게 운전한다면 비행기 기장들은 모두 실직했을 것이다.

투자를 자동차에 비유하면, 투자지표는 속도계에 불과하다. 도로의 너비, 지면의 상태, 날씨, 운전자의 컨디션 등에 따라 안전운전 제한속도는 달라져야 한다.

안개 자욱한 서해안 도로에 일 년이면 수차례 수십 중 추돌사고가 발생한다. 고속도로니까 100km/h, 혹은 안개가 낀 날에는 20% 감속 운행하라는 표지만 읽고 80km/h의 획일적 속도만 고수한다면 안전운전을 장담할 수 없다. 운전자(투자자)가 직접 눈으로 시계(視界)와 노면상태, 주변 차량의 수 등을 종합적으로 판단하여 운전속도(투자지표)를 조절해야 한다.

얼마 전 어느 경제신문에서 가치투자에 사용되는 PER, PBR 등의 지표가 현실 투자와 맞지 않기 때문에 EV/EBITDA, $\beta$ 등의 다른 투자지표를 활용해야 한다는 지적이 나왔다.[35]

'P(Price)'가 들어간 지표는 시장지표다. 투자자를 기준으로 보았을 때 투자자의 자금 1원에 대한 투자효율성을 파악하기 위한 지표다. 2008년의 위기는 투자심리 위축이 실물경제에까지 전이된 형태를 보이고 있다. 결국은 'P'의 위기인 셈이다.

따라서 이때는 'P'보다 기업의 실적 및 내재가치에 주목한 투자를 해야 한다. 그렇기에 불황기일수록 가치투자를 해야 한다. 가치투자의 본질은 기업의 본질 가치를 찾아가는 데 있기 때문이다. 투자자의 1원보다는 기업의 1주에 더 주목하는 지표 활용이 이루어져야 한다.

투자분석에 사용되는 도구는 상황에 따라 변화를 가져올 수 있다. 투자지표를 맹신하여 줄곧 하나의 도구만 사용하는 것도 경계해야 하지만, 변화무쌍하게 투자지표를 바꾸고 더욱 복잡한 지표를 사용하여 투자원칙을 훼손하는 일도 경계해야 한다. 그래서 역시 투자는 어렵다고 하는지도 모른다.

투자를 할 때 온통 투자지표에만 주목하면 당연히 어려워진다. 초점을 좁히면 대상을 더 자세히 볼 수 있지만 넓은 면을 보지 못한다는 것을 명심하고 투자에 임해야 한다. 투자지표는 어디까지나 투자자의 투자를 돕는 보조 역할을 할 뿐이다.

'헬리콥터 뷰(Helicopter View)'라는 것이 있다. 이는 GE에서 강조하는 경영자의 자세인데, 경영자는 비행기에서 보듯 너무 높은 위치에서 보아도 안 되고, 땅에서 보듯 너무 낮은 위치에서 보아도 안 되며, 헬리콥터와 비슷한 위치에서 보아야 지형과 현장을 적절하게 볼 수 있다는 뜻을 담고 있다.

개인 경제로 대변되는 미시적인 시각과 국가 차원에서 바라보는 거시적인 시각으로 분류되는 경제학적 분류의 중간 지대에서 헬리콥터 뷰는 매우 개인적인 행위이면서도 국가 경제를 이해하지 않고는 부를 창출할 수 없는 '투자'의 다면적인 모습을 잘 설명하는 용어라 생각된다.

투자를 위해서는 개별 기업이 투자지표를 통해 구체적인 실적(현장)을 확인하고, 거시 경제지표를 통해 국가 경제 전반적인 상황(지형)을 점검해야 한다.

성공하는 투자자와 실패하는 투자자의 가장 큰 차이는 자신
의 실수를 인정하고 그로부터 배우는가 하는 점이다.

—존 템플턴

# CHAPTER 04

# DIY 펀드 실천편

VALUE INVESTMENT

이 장에서는 DIY 펀드를 만들기 위한 구체적인 방법을 소개한다. 이 책의 구성은 일반론에서 개별론으로, 거시적인 원칙에서 구체적인 개별 사안으로 단계적으로 진행하고 있다. 이 책의 마지막 부분인 4장은 구체적인 투자종목을 소개하고 있다. 그러나 다른 투자방법론 서적과 다른 점이 있다.

특정한 투자방법만이 답이라고 강권하지도, 특정 종목을 발굴하여 투자하면 높은 수익을 올릴 수 있다고 주장하지도 않는다. 오로지 이것은 필자의 방법일 뿐이다. 독자 여러분도 자신만의 투자법을 만들어내어 시행착오를 겪으며 완성해가기 바랄 따름이다.

여러분이 이 장을 읽으며 경계해야 할 점은 이곳에서 소개하는 기업과 그 기업에 대한 나의 평가는 지극히 주관적이라는 점이다. 따라서 이 부분에서 언급된 종목과 그 기업에 대한 태도, 더 나아가 나의 투자원칙마저도 여러분에게 '이 길을 따르라'고 말하는 것은 아님을 분명히 밝힌다.

하나 더. 최근 주식 관련 서적은 두 부류다. 하나는 저자의 뛰어난 지식을 선보이는 책이다. 그래서 독자로 하여금 그의 학식에 놀라 함부로 주식에 덤벼들지 못하도록 장벽을 세운다.

다른 하나는 의도와 과정은 생략되고 결과만 소개하는 책이다. 이 종목으로 이만큼 수익을 거두었는데 그 수익의 원인에는 이러한 기업의 강점이 있더라 하는 결과론적인 종목 발굴법이다. 물고기를 잡는 법을 알려주기보다는 잡은 물고기를 자랑하는 식이다.

이 책은 실용서라기보다는 기본서에 가깝다. 비단 주식투자뿐 아니라 부동산 및 기타 자산에 투자하고자 하는 사람들이 꼭 간직하고 임했으면 하는 이야기를 담았다. 특히 외국 투자자들의 가치투자 서적이 국내에도 많이 소개되었고, 국내 저자들이 쓴 책도 독자들에게 가치투자를 알리는 데 중요한 역할을 하고 있다. 이 책은 그 책들을 읽기 전에 먼저 읽어두면 좋을 책이라 생각되며, 이러한 점을 염두에 두고 집필했다.

혹은 다른 투자서적들을 읽어본 독자라면 그 책들의 바탕에 깔린 투자철학을 알기 쉽게 설명한 책이라 생각하고 읽으면 좋을 것이다. 왜냐하면 다른 책들은 투자종목을 소개하고 그 종목이 주는 가치투자적 특징을 소개할 뿐, 종목 검색과정이나 가치투자 철학에 대해서는 거의 취급하지 않거나 가볍게 언급하고 지나치기 때문이다.

이 책에서 언급한 기업의 실적은 2009년 이전의 실적이며, 주가는 2010년 3월 31일 종가를 기준으로 했다. 2010년 3월 31일이라는 날짜는 어떠한 의미도 없다. 단지 기업을 검색하고 투자지표를 활용하는 방법을 설명하기 위해 인위적으로 설정한 것임을 밝힌다.

그러므로 여기에서 언급된 기업이라고 하여 독자가 이 책을 읽는 시점에서 투자적격이라 말할 수는 없다. 그때가 되면 기업의 실적뿐 아니라 주가 역시 많이 달라져 있을 것이기 때문에 투자자 스스로 펀드 구성과정을 거쳐서 자신만의 펀드를 구성하기 바란다.

좋은 투자성과를 올리려면 증권시장에 상장된 1,800개 기업을 모두 조사해야 한다고 하면 선뜻 그러겠다고 응할 사람은 아마 없을 것이다. 한두 개도 아니고 1,800개씩이나, 그것도 숫자로 가득한 보고서를 읽어야 하는 일은 투자의 문제를 넘어서 '도(道)'를 논할 정도로 심각하게 정신 수양을 요구하는 일이기 때문이다.

우리는 지금까지 잘 요리된 보고서에만 입맛이 길들여져 있었다. 지금 이 기업에 투자해도 좋을지에 대해서만 관심이 있을 뿐, 왜 이 기업에 투자해도 좋은지, 다른 더 좋은 기업은 없는지 스스로 조사하고 판단하는 것은 내 일이 아닌 것으로 간주해왔다. 하지만 투자는 돈의 문제가 아니라 지식의 문제라는 것을 알게 된 지금, 기업을 하나하나 뜯어보는 일을 기쁜 마음으로 시작하자.

이 책의 집필 이유도 1,800여 기업을 소개한 상장기업 편람을 읽은 것이 간접적이나마 원인이 되었다. 마트에서 파는 잘 손질된, 물만 붓고 끓이면 요리되는 가공식품이 아니라 밭에서 직접 뽑아 아직 흙이 남아 있는 싱싱한 원천 데이터를 맛보고 싶다는 마음에 4개월이란 시간을 투자하여 편람을 읽어보았다.

결론부터 이야기하자면 기업편람은 영양가 만점의 신선한 재료가 분명했다. 숫자로 가득한 그까짓 책을 보면 뭐하겠느냐고 만류하던 사람들―그들에게는 기업편람이 전화번호부와 다를 바 없다―을 뒤로하고 나만의 투자철학을 완성하는 데 혁혁한 공헌을 했다.


## 상장·코스닥 기업분석을 읽다


기업편람을 읽은 이유는 두 가지였다. 하나는 자존심이었고, 다른 하나는 지적인 호기심 때문이었다.

나의 투자 멘토는 워런 버핏이다. 그는 기회가 날 때마다 사업보고서를 읽으라고 투자자들에게 충고한다. 기업을 가리지 말고 닥치는 대로 살펴보며, 가능하다면 기업편람의 A부터 시작하라고 말한다. 그래서 나는 그가 시키는 대로 기업편람을 읽었을 뿐이다.

기업편람을 읽으면서 10년 전 경영학과 대학원 시험을 준비하던 때가 떠올랐다. 경영학 비전공자였던 나로서는 9개월이라는 짧은 기간에 4년 내내 경영학을 공부한 전공자들을 따라잡는다는 것은 불가능한 일이었다. 마케팅이나 인사관리 분야는 교과서를 읽으면 어느 정도 이해가 되겠지만, 재무관리나 회계학은 숫자에 밝지 않으면 안 되는 것으로 생각했기 때문이다.

그래서 일부 경영학 비전공 수험생들은 이 두 과목은 주요 내용만 요약된 경영학 다이제스트를 구입해서 그것만 암기하는 데 주력하기도 했다. 과목당 1,000페이지가량 되는 교과서를 일일이 읽을 시간도, 심적인 여유도 없었기 때문이다. 심지어 시험준비 초기부터 두 과목은 선택과목에서 제외하고 공부하는 수험생도 있었다.

그때 내가 세운 신조는 '전공자들을 이기려고 하지 말자. 그들이 하는 말을 이해라도 하자'였다. 그러면서 가벼운 마음으로 재무관리 교과서를 읽기 시작했다. 생각보다 내용이 어렵지 않았고, 오히려 재미를 느끼기도 했다. 아무런 배경지식도, 선입견도 없었던 것이 이해에 큰 도움이 되었다.

시간이 다소 걸리기는 하지만 공식이나 그래프의 도출과정을 이해한다면 그것이 의미하는 바를 애써 외우지 않더라도 이해가 쉽게 되어 오히려 공부하는 시간을 단축시켜주는 결과를 낳았다. 대학원에서 마케팅을 전공하기는 했지만, 재무관리는 내게 경영학의 진짜 재미를 가르쳐준 과목이었다.

편람을 읽으면서도 같은 생각이 들었다.

'기업의 분량도 많고 숫자만 있어 지루하겠지만 이 책을 다 읽고 나면 내가 또 한 계단 올라서겠구나.'

나와 같은 생각을 하는 친구가 지구 반대편에서 책을 출간해

참 반가웠다. 그 책은 바로 《한 권으로 읽는 브리태니커》였다. 제목만 보아서는 마치 방대한 브리태니커 백과사전을 요약 정리한 것으로 보이지만 내용은 그와는 딴판이다. 내용 요약이라기보다는 해당 항목에 대한 자신의 개인적인 감상과 그 항목을 읽을 당시 자신에게 벌어진 생활 속의 가벼운 일들을 에세이 형식으로 쓴 것이다.

책을 읽어 백과사전의 내용을 모두 자기 것으로 만든다기보다는 백과사전이라는 방대한 숲을 거닐면서 온몸으로 백과사전을 느낀다는 것이 저자의 의도에 가까울 것이다. 나 역시 그런 마음이었다. 1,800여 개 기업의 실적을, 그것도 최근 4년간의 실적을 다 외워서 투자에 활용하겠다는 생각보다는 기업들을 느껴보고 싶었다.

숲을 모르는 사람이 숲길을 거닐면 온통 초록 잎만 보인다. 하지만 식물학자가 그 길을 지난다면 온통 초록으로만 보이지는 않을 것이다. 종류가 다른 나무들이 있고, 가지마다 색깔이 다르고 살아온 세월이 다른 것이 보일 것이다. 하지만 나는 식물학자가 아니다.

초등학교 방과 후 하굣길의 아이들이 저마다 자기 키의 반만 한 가방을 등에 메고 길거리로 쏟아져 나오듯, 고만고만해 보이는(?) 기업들이 내게로 쏟아졌다. 나는 그저 신기한 마음으로 나뭇잎을 하나하나 만지듯이 처음으로 그들과 인사를 나누기 시작했다.

# 기업편람에서 만난 기업들

상장기업편람은 한국경제신문에서 발행한 2007년 봄호를 보았다(매일경제신문에서도 발행한다). 대형 서점에 가면 살 수 있고, 증권사에 다니는 친구가 있다면 무료로 구해볼 수도 있다. 내 경우에는 증권사에 다니는 친구가 회사를 그만두는 바람에 그동안 무료로 받아보던 기업편람을 돈 내고 사서 보았다.

읽는 시간은 하루 한 시간, 기업의 숫자는 10개로 정했다(쉬는 날은 두 시간, 20개 기업으로 했다). 하루에 많이 본다고 갑작스럽게 나에게 좋은 일은 없기 때문에 '느려도 꾸준한 자가 경주에서 이긴다(Slow and Steady wins the race)' 라는 심정으로 크게 무리하지 않았다. 앞서 말한 A. J. 제이콥스는 1년 동안 하루 5시간씩 브리태니커 백과사전을 읽었다는데 그에 비하면 나는 브리태니커 별책부록만 읽은 수준이다.

다음은 편람을 펼쳐든 초기에 내 나름대로 세운 투자원칙이다.


1. 가격이 아닌 가치를 본다.
   -주가가 아니라 재무제표를 본다.
2. 좋아하는 기업을 만들지 않는다.
   -그들이 잘될 거라는 편견을 갖기 쉽다.
3. 언론에 많이 노출된 회사가 수익을 가져다주지는 않는다.
   -인기 가수가 노래를 잘하는 가수는 아닌 것과 마찬가지다.
4. 벤츠를 팔아 버는 1만 원과 쓰레기를 팔아 버는 1만 원은 같은

가치다.

−산업 · 업종에 대한 편견을 갖지 말자.


다음에 언급된 기업들은 어떤 기준에 의해 선정된 것은 아니다. 그저 소설을 읽듯 읽어 내려가다가 눈에 띄어 노트에 적어둔 기업들 중 일부를 소개한 것이니, 이 기업을 추천종목으로 착각하지 않기 바란다. 또한 대부분 언급된 실적, 주가 등은 모두 과거 수치이므로 이 글을 쓰는 시점과는 상당한 차이가 있음을 참작하고 보기 바란다.


## 가드텍

편람의 첫 번째를 장식한 기업부터 재미있는 일이 생겼다. 가드텍(054150)이 브이라이프로 기업명을 바꾼 것이다. 특히 코스닥 시장에 등록된 기업들이 기업명을 바꾸는 일이 잦다고 들었는데 내 첫 번째 분석기업에서 그런 녀석을 만나다니.

2008년만 해도 코스닥 시장에서 기업명을 변경한 기업은 128개 사에 이른다고 한다. 전체 1,035사 중 12.3%에 해당하는 비중이니 코스닥 기업이 시장의 신뢰를 얻지 못하는 것도 무리는 아니다.

변경 사유로는 브랜드 이미지 재고니 뭐니 하는 그럴듯한 이유를 내걸지만 실제로는 떨어진 주가를 회피해보려는 의도가 다분히 내재되어 있다.

이름은 좋든 싫든 일관성을 가져야 한다. 미국의 GE를 보자.

GE는 General Electric의 약칭이다. 회사 이름이 '㈜일반전기' 인 셈이다. IBM은 또 어떤가? International Business Machine이다. 번역하자면 '㈜국제 사업용 기계' 다. 두 회사 모두 지금은 전기 · 기계 분야의 사업이 주력 분야가 아니다.

활동 중에 이름 바꾼 연예인 중에도 그다지 성공한 사람을 보지 못했다. 뜨지 못한 연예인들이 어떻게든 좋은 이미지를 만들어보려고 이름을 바꾸지만, 우리 귀에 익숙하지 않은 이름 때문에 오히려 낯설어지는 경우가 더 많다. (이 기업은 2010년 3월 현재 '에너라이프' 라는 이름으로 또 바뀌었다.)


## 교보증권

편람을 볼 때 눈여겨본 것은 매출구성이다. 같은 사업을 영위하더라도 매출구성이 다르다는 것은 서로 다른 사업모델을 가지고 있거나 주력 분야가 다르다는 뜻이다. 같은 증권사업을 하지만 교보증권과 삼성증권의 매출구성은 조금 다르다.

교보증권은 수수료 수익 45.1%, 이자수익 12.7%, 증권매매익 11.0%인 데 반해 삼성증권은 수수료 수익이 37.6%이고 증권매매익이 30.2%를 차지했다. 전체 매출에서 증권매매익이 차지하는 비중이 양사가 20%가량 차이가 난다는 부분이 흥미로웠다. 향후 자본시장통합법이 시행되면 금융회사들은 더욱 다양한 수익모델을 가질 수 있는데, 그때 가장 큰 역량을 보일 수 있는 금융회사를 찾는 데 조금은 도움이 될 것 같았다.

### 광주 신세계

주요 주주가 참 눈에 띄었다. 정용진 52.1%, 외국인 10.96%, ㈜ 신세계 10.4%, 이 세 주주만 더해도 73.46%의 비유동성 지분이 보인다. EPS는 4년간 지속적으로 상승했고, 자본금 80억에 매출은 1,452억을 올렸다. 이러니 대주주 지분율이 높지.

전국에 있는 신세계백화점이 다 개별 법인으로 존재하는지, 그렇다면 왜 광주 신세계만 상장되었는지, 다른 신세계백화점의 실적에 비해 광주 신세계의 실적은 어떤지 등, 동시에 서너 가지 호기심이 확 생겨났다.

### 국도화학

에폭시 수지를 제조하는 회사다. 국내 과점 지위를 가지고 있으며, 아시아 2위권에 해당하는 생산능력을 갖고 있는 회사라고 한다. EVA도 높고, 부채비율도 양호하다. ROE도 상승세를 보이고 있다. 게다가 BPS는 2만 7,473원인데 주가는 2만 6,800원이다. 외국인 지분율도 33.39%다. 소형주임에도 외국인 지분율이 상당한 점에 별표를 쳐둔다.

### 내쇼날 푸라스틱

내쇼날 푸라스틱, 이름만 들어도 왠지 팬시한 사업과는 동떨어져 보인다. 피터 린치가 좋아하겠다. 플라스틱 사출 만드는 회사이고, 4년간 주당 500원을 배당했다. BPS는 1만 3,698원이고, 2007년 말에는 1만 5,000원까지 증가했다. 그런데 주가는 2007

년에 1만 원대를 웃돌았다가 2008년에는 다시 1만 원대 밑에서 거래된다. PBR는 0.5, 배당수익률은 6.31%다. 대형주 배당수익률이 2.7%임을 고려한다면 시가총액 400위권인 이 회사는 (벤저민 그레이엄이 정한 기준에 의하면) 투기등급의 증권 중 나름 투자매력이 있을 듯하다.

## 농우바이오(코스닥)

국내 2위 종자회사라고 한다. 은근히 이런 기업이 나타나기를 기대하고 있었다. 뭔가 고루한 냄새가 나지 않는가! 대주주 1인의 지분율이 55.2%다. 이렇게 환상적인 주식이! BPS는 5,608원인데 EPS가 938원이다(2007년 10월 실적). 주가는 4,000원대에 불과하다. 이런 주식들이 있음을 보면서 아무리 전체 주식시장이 고평가되어 있다고 해도 반드시 저평가된 기업은 존재한다는 사실을 믿게 되었다.

일반인들의 투자심리는 어디에선가 들어봄직한 이름을 가진 기업의 주식을 사고 싶어 한다. 그래서 생소하지만 실적은 좋은 기업은 사기를 꺼리는 것 같다.

앞에서 언급한 나의 투자원칙 4번을 다시 보자. 반도체를 팔아서 번 돈이나 씨앗 팔아서 번 돈이나 주주에게 이익이 돌아가는 것은 마찬가지다. 종자회사는 구시대적이고, 바이오나 반도체, IT산업은 성장산업이라는 편견은 더 나은 수익률을 위해서 버리는 것이 좋다.

## 디지털텍(코스닥)

원래 사업은 백색가전용 콘덴서를 만드는 회사다. 2006년에 흑자전환한 후 2008년에도 적자가 날 전망이라는데 단지 매출비중에서 휴게소 32.8%, 주유소 21.8% 매출이 발생한다는 점만 메모해놓는다.

언젠가 내수경기가 풀리면 매출이 좀 오르겠지. 휴게소나 주유소가 길목에 덫 놓고 기다리는 사업이라는 점에서는 매출이 안정적으로 발생한다는 장점이 있다. 단점이라면 폭발적인 수요 증가를 기대할 수 없다는 점이다.

투자의 안정성을 위해서라면 매출이 들쭉날쭉한 기업보다는 매출의 50%가 휴게소, 주유소에서 안정적으로 발생하는 이 회사가 더 매력적으로 보인다.

## 로지트 코퍼레이션(코스닥)

화공약품 및 건자재 수출입을 하는 회사인데, 2006년에는 영업이익보다 영업외수익이 많았다. 그냥 당기순이익만 봤으면 찾아내지 못했을 텐데 실적을 자세히 볼 수 있어서 수익의 질까지 파악할 수 있는 기회가 되었다. 이 기업도 대주주 지분율이 높다(60% 상회). 그런데 2008년 9월에 이곳도 후너스로 상호를 바꾸었다. 주가가 4년 전으로 회귀했기 때문일까?

## 성우하이텍(코스닥)

범퍼 레일 등 자동차 부품을 생산하는 회사다. 4년 동안 매출

액, 이익, 배당이 모두 증가한 기업이다. 대주주 지분율도 38.4%
에 달하고 무엇보다 EPS가 909원임에 비해 BPS는 5,501원이어
서 높은 투자효율성을 보이고 있다(2007년 ROE 15%). 주가는 당
연히 BPS 밑에서 움직인다.

다른 측면에서 보면 이런 코스닥 회사들이 우리가 흔히 말하는
'중소기업'인데, 말로는 중소기업을 살리자고 하면서도 정작 이
렇게 투자 측면에서 바라보면 자산가치 이하의 낮은 주가가 이어
지고 있어 조금은 안타깝다. 그러나 투자자 입장에서는 이렇게
말할 수 있다. "중소기업 살리는 데 왜 하필 내 돈이 들어가서 위
험을 떠안아야 하지?"

그렇다면 미국에서 서브프라임 모기지와 다른 우량채권을 묶
어 하나의 상품을 만든 것처럼 우량기업이랑 이런 중소기업을 한
데 섞은 펀드상품을 내세우면 안 될까 하는 상상을 해본다. 예를
들어 현대자동차와 그 관련업체 주식을 한데 묶은 섹터상품을 판
매한다면 비록 투자비율은 95:5 정도가 될 수도 있겠지만 그래도
이런 종목에 대한 꾸준한 매수세가 형성될 수 있지 않을까? (아마
어느 자산운용사에서 상품을 만들어 팔고 있을지도 모르겠다.)

코스닥이 부담스러운 투자자라면 이렇게 유가증권 시장의 우
량주와 묶어 포트폴리오를 구성하는 것도 하나의 방법이 될 수
있겠다는 생각을 해본다.

정부에서도 연기금을 투자하여 주가를 떠받칠 때 소수의 대형
주만 매입하는 경향이 있다. 일정 비율을 정해놓고 실적이 우수
한 소형주를 사들이는 것이 연기금의 수익률보다 더 큰 것(경제

구조의 건전성)을 얻을 수 있지 않을까?

## 아모레퍼시픽

태평양화장품으로부터 분할된 회사다. ㈜태평양과 두 개의 회사로 분할되어 하나는 지주회사, 다른 하나는 사업회사가 되었다. 최근 들어 이러한 형태의 기업분할이 잦아지고 있다. SK와 SK에너지, 한진중공업과 한진중공업홀딩스, 웅진씽크빅과 웅진홀딩스로 나뉜 사례가 있다. 그뿐만 아니라 일진홀딩스나 풍산홀딩스처럼 기존의 회사를 지주회사로 만들려는 움직임도 나타나고 있다.

일장일단이 있겠지만 나는 일장 쪽에 조금 더 점수를 주고 싶다. 한국 기업이 외국에 저평가된 원인 중 하나는 불투명한 지배구조에 있음은 주지의 사실이다. 지주회사로의 전환을 통해 지배구조가 개선된다면 증시 전반에 긍정적인 영향을 미치리라 생각한다.

## 에이치앤티(코스닥)

국내 유일의 HDD 핵심 부품인 HSA 생산회사라고 한다. 나는 원래 이런 기업을 좋아한다. 독점, 유일 등의 비경쟁적인 용어를 좋아한다. 그런데 기술에 의한 독점은 대부분 시장규모가 너무 작아서 다른 기업에서 매력적으로 느끼지 못하는 경우가 많아 독점이 주는 신선함이 떨어진다. 이 회사도 2007, 2008년 연속적으로 매출액이 감소하고 있어 '독점은 좋은 것' 이라는 등식은 성립하지 않는다.

'하늘 아래 새로운 것은 없다' 고 주장하는 이도 있듯, 홀로 독야청청한 기업은 마이크로소프트를 제외하고는 극히 드문 것 같다. 오히려 펩시와 코카콜라처럼 시장을 적당히 양분하여 오랜 기간 키운 파이를 나눠 먹는 과점적 산업구조가 안전한 투자를 위해서는 더 낫지 않을까 생각한다.

## 제일기획

제일기획과 같은 서비스 회사의 가장 큰 자산은 사람이다. 사내의 직원뿐만 아니라 광고산업 내에 종사하는 사람들의 마음속에 박혀 있는 '제일기획=1등' 이라는 등식이 사라지지 않는 한 제일기획의 우량성은 지속될 것이다. BPS는 9만 원 수준임에도 불구하고 20만 원을 상회하는 주가가 형성되는 것은 단연 무형자산의 힘이 크다.

앞에서 언급한 조그만 기업들의 주가가 2008년 가을의 폭락기에 반 토막 나는 사이 제일기획은 변변한 자산도 없으면서 20% 정도의 주가하락만 기록하고 있다. 장기 차트를 보아도 파동을 치면서 주가가 상승하는 것을 볼 수 있다.

광고산업은 경기 변동을 극심하게 겪는 분야다. 그럼에도 불구하고 이런 주가를 보이고 있다면 다음 활황기에는 더 높은 주가를 기록할 수 있으리라 믿는다. 이렇게 장담하는 이유는 바로 제일기획이 이 산업의 1등이기 때문이다.

### 좋은사람들(코스닥)

2008년 6월, 개그맨이자 ㈜좋은사람들의 설립자인 주병진 씨가 보유지분과 경영권을 매각하고 ㈜좋은사람들을 떠났다. 그 이후 주가가 하락하여 이전의 수준을 회복하지 못하는 것을 보면서 CEO 주가를 여기에서 측정해볼 수 있지 않을까 한다.

주병진 씨가 경영권을 갖고 있던 시기에도 주가가 늘 상승한 것은 아니었지만 2007년과 2008년의 실적이 대동소이한 상황에서 투자자들이 새로운 경영진에 대한 지지를 보여주지 못하고 있는 것으로 분석된다.

### 태광산업

'역시 자산주!' 하는 탄성이 나오게 하는 기업이다. 2007년 BPS 138만 원에 2008년 12월 주가 100만 원대를 형성하고 있다. 2007년 가을의 150만 원대 주가를 기억하는 사람에게 100만 원대의 주가는 폭락한 수준이겠지만 2007년 주가를 거품으로 보는 사람에게 태광산업의 주가는 안정적으로 우상향하는 전형적인 자산주의 모습을 보이고 있다.

### 호텔신라

나는 신라호텔이 호텔사업을 하고 있다고 철석같이 믿어왔다. 그런데 매출구성을 보는 순간 그 믿음이 깨졌다. 면세점 매출이 59%를 차지하고 있었다. 맥도날드가 햄버거를 팔아서 돈을 번 것이 아니라는 것을 알기에 호텔신라의 면세점 매출을 반기기는 하지만 한동안 실적보다는 이미지로 인해 주가가 형성되어 있었던 것은 아닌가 하는 생각이 든 기업이다(3년간 PER가 20~50을 오가는 수준이었다).

### 흥구석유(코스닥)

대구 경북 지역 석유대리점으로서 주식 유통물량이 적어 관리종목에 지정되고, 거래정지도 되었던 기업이다. BPS는 3,800원 선이나 주가는 1,500원까지 떨어지기도 했다. 이렇게까지 주가가 하락한 원인을 2008년 가을에 실시한 50:1의 액면분할에서 찾아본다.

액면분할 이전에는 유동성 부족으로 인해 액면가 5,000원짜리가 40만 원이 넘는 고액 주식이었으나 액면분할로 인해 그렇고 그런 보통 코스닥 주식으로 전락해버렸다. 그럼에도 불구하고 자산 중 토지의 비중이 70%를 넘어 자산주 성격을 띠고 있다.

편람을 다 읽은 것은 4개월이 지난 어느 일요일 오전이었다. 뿌듯한 마음으로 정리한 4권의 노트를 내려다보았다. 그 노트를 통해 내가 발견한 것은 두 가지였다.

하나는, 편람은 숫자일 뿐이라는 것이다. 아무리 통계자료를 이리저리 가공해봐도 그것은 결국 숫자에 불과하다는 것이다. 또한 그것이 숫자이다 보니 기업 간, 업종 간에 차별화된 분석을 하기는 쉽지 않았다. 좀 더 깊이 있는 기업보고서를 보고 싶다는 욕구가 생겨났다.

다른 하나는, 증권사나 언론에서 언급하는 기업 이외의 기업을 만날 수 있었다. 자본이 일부 혹은 전부 잠식된 기업, 매출이 4년 내내 하락한 기업, 도무지 무슨 사업을 하는지 사업모델이 눈에 들어오지 않는 기업들을 그 어떠한 필터도 사용하지 않고 만날 수 있었다.

앞에서 언급한 대로 타인의 추천에 의해 소개되는 기업은 큰 특색이 없다. 언론에서도, 증권사에서도 다 좋은 기업을 추천하지 나쁜 기업이라고 말하는 기업은 거의 없다. 막상 이렇게 비우량기업들을 직접 만나니 기업의 '우량성'에 대해 실감하는 계기가 되었다.

편람을 읽기 전에는 증권사 리포트가 일부 기업(430여 개)에만 집중되는 점에 불만을 품고 있었다. 그러나 막상 모든 기업을 살펴보고 나니 리포트를 쓸 만한 가치가 있는 기업의 범주가 증권사 리포트 커버리지 수준을 벗어나지 못했다.

증권사 산업담당 애널리스트들도 찾아내지 못한 기업을 내가 편람을 보면서 찾겠다는 시도가 얼마나 비효율적인가를 절실하게 깨달았다. 시장의 귀퉁이에서 먼지 뽀얗게 앉은 채 주인을 기다리는 알라딘의 마술램프보다는 시장의 평가를 제대로 받은 기업의 성장 가능성 및 시장의 일시적 저평가를 통해 수익을 올리는 것이 에너지(자금, 노력, 시간 등) 투입 대비 성과의 효율성이 더 낫다는 판단이 들었다.

이 기회를 통해 기업분석은 큰 기업에서부터 작은 기업 순서로 해야겠다고 결심하는 계기가 되었다.

그럼에도 불구하고 기업편람은 내 삶에 자신감을 충족시켜주는 좋은 기회가 되었다. 적어도 내가 한 번도 보지 못한 기업이 대박 나서 나를 충격에 빠뜨리는 일은 없을 테니까.


## 종목검색에 도움되는 웹사이트


많은 기업정보를 언제 다 일일이 읽느냐고 불만을 가질 사람들을 위해 더 효율적으로 기업을 찾아낼 수 있는 인터넷 사이트를 소개한다.


### 한국거래소(www.krx.co.kr)

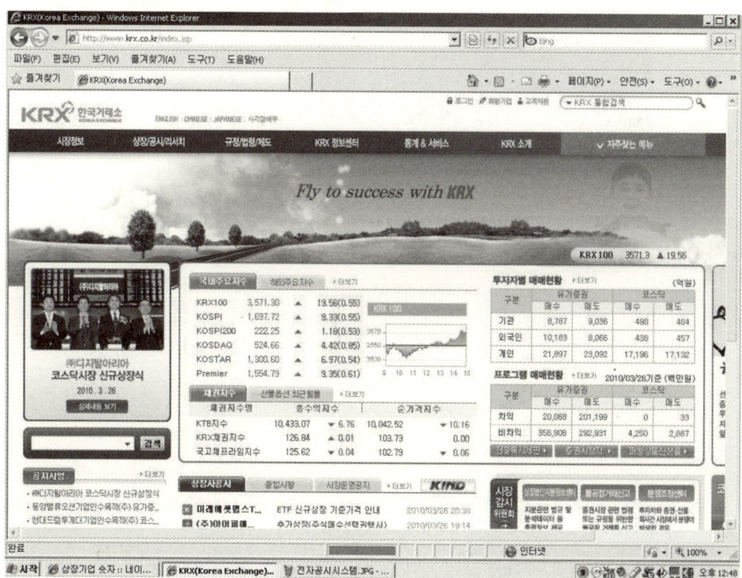

한국거래소 사이트에서는 전일 종가 기준으로 산출된 각종 시
장가치 지표를 확인할 수 있다. PER, PBR, 배당수익률 등 주가를
바탕으로 한 지표를 구할 수 있을 뿐 아니라 기업정보, 실적, 공
시, 뉴스, 리서치 등을 볼 수 있다.

## 에프엔가이드 상장기업분석(comp.fnguide.com)

증권정보 제공업체인 ㈜에프엔가이드에서 제공하는 사이트다.
여러 증권사에서 이 사이트의 콘텐츠를 공급받아 기업분석 자료
를 보이고 있다.

과거 3년치의 재무제표를 확인할 수 있다. 한 가지 특징은 순위
분석이 가능하여 지표별·업종별 순위를 쉽게 산출할 수 있다는

점이다.

## 금융감독원 전자공시 시스템(dart.fss.or.kr)

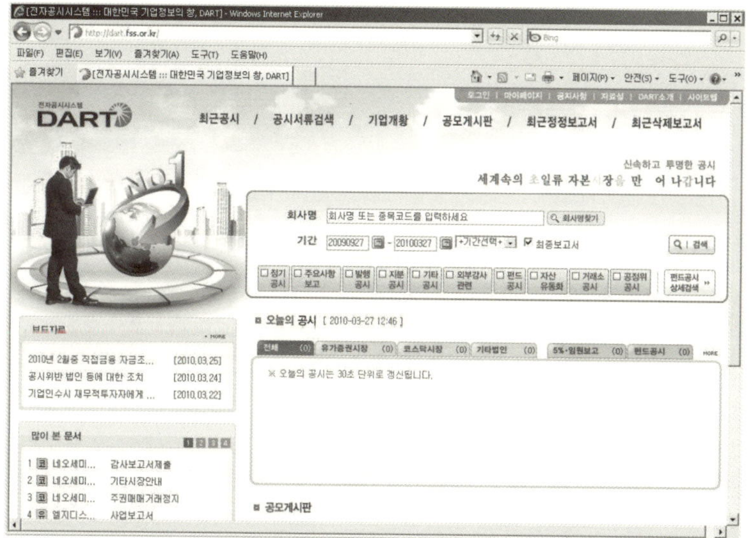

금융감독원의 전자공시 시스템을 통해 기업이 금융감독원에 제출한 모든 공시자료를 일반인이 열람할 수 있다. 기업의 사업보고서 및 각종 공시, 변경사항 등을 볼 수 있어 가공되지 않은 원천 데이터를 얻을 수 있는 경로가 된다.

### 포털사이트 증권 섹션

포털사이트에서 운영하는 증권 섹션이다. 주가 관련 지표, 수익성 관련 지표 등을 구할 수 있다.

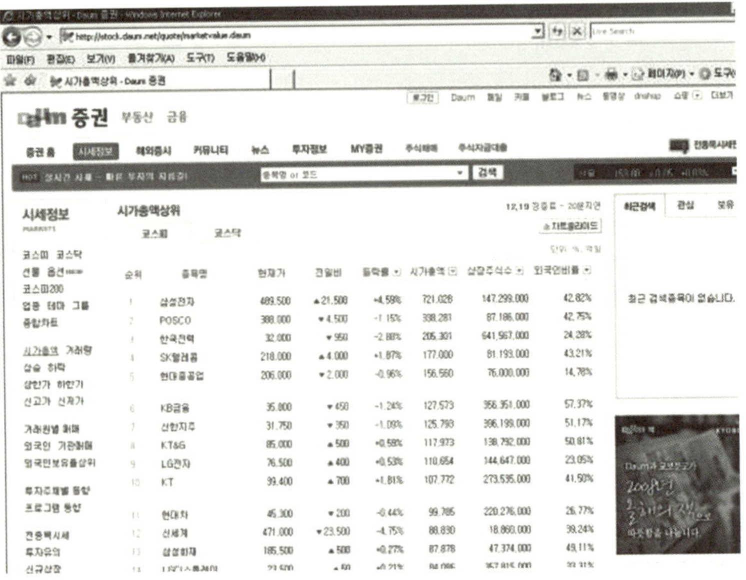

Daum 증권  부동산 금융

증권홈  시세정보  해외증시  커뮤니티  뉴스  투자정보  MY증권  주식매매  주식자금대출

## 시세정보

### 시가총액상위

코스피  코스닥

12.19 장종료 - 20분지연

단위 : %, 억원

| 순위 | 종목명 | 현재가 | 전일비 | 등락률 | 시가총액 | 상장주식수 | 외국인비율 |
|---|---|---|---|---|---|---|---|
| 1 | 삼성전자 | 489,500 | ▲21,500 | +4.59% | 721,028 | 147,299,000 | 42.82% |
| 2 | POSCO | 388,000 | ▼4,500 | -1.15% | 338,281 | 87,186,000 | 42.75% |
| 3 | 한국전력 | 32,000 | ▼950 | -2.88% | 205,301 | 641,967,000 | 24.28% |
| 4 | SK텔레콤 | 218,000 | ▲4,000 | +1.87% | 177,000 | 81,193,000 | 43.21% |
| 5 | 현대중공업 | 206,000 | ▼2,000 | -0.96% | 156,560 | 76,000,000 | 14.78% |
| 6 | KB금융 | 35,800 | ▼450 | -1.24% | 127,573 | 356,351,000 | 57.37% |
| 7 | 신한지주 | 31,750 | ▼350 | -1.09% | 125,793 | 396,199,000 | 51.17% |
| 8 | KT&G | 85,000 | ▲500 | +0.58% | 117,973 | 138,792,000 | 50.81% |
| 9 | LG전자 | 76,500 | ▲400 | +0.53% | 110,654 | 144,647,000 | 23.05% |
| 10 | KT | 39,400 | ▲700 | +1.81% | 107,772 | 273,535,000 | 41.50% |
| 11 | 현대차 | 45,300 | ▼200 | -0.44% | 99,786 | 220,276,000 | 26.77% |
| 12 | 신세계 | 471,000 | ▼23,500 | -4.75% | 88,830 | 18,860,000 | 39.24% |
| 13 | 삼성화재 | 185,500 | ▲500 | +0.27% | 87,878 | 47,374,000 | 49.11% |
| 14 | LG디스플레이 | 23,500 | ▲50 | +0.21% | 84,086 | 357,815,000 | 39.31% |

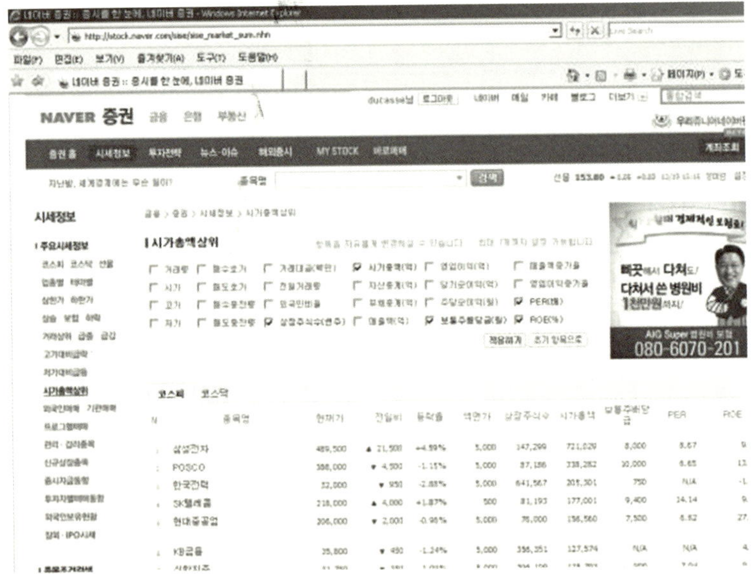

NAVER 증권  금융  은행  부동산

증권홈  시세정보  투자전략  뉴스·이슈  해외증시  MY STOCK  비로매매

## 시세정보

금융 > 증권 > 시세정보 > 시가총액상위

### 시가총액상위

코스피  코스닥

| N | 종목명 | 현재가 | 전일비 | 등락률 | 액면가 | 상장주식수 | 시가총액 | 보통주배당금 | PER | ROE |
|---|---|---|---|---|---|---|---|---|---|---|
| 1 | 삼성전자 | 489,500 | ▲21,500 | +4.59% | 5,000 | 147,299 | 721,028 | 8,000 | 8.67 | 9 |
| 2 | POSCO | 388,000 | ▼4,500 | -1.15% | 5,000 | 87,186 | 338,282 | 10,000 | 8.65 | 13 |
| 3 | 한국전력 | 32,000 | ▼950 | -2.88% | 5,000 | 641,567 | 205,301 | 750 | N/A | -1 |
| 4 | SK텔레콤 | 218,000 | ▲4,000 | +1.87% | 500 | 81,193 | 177,001 | 9,400 | 14.14 | 9 |
| 5 | 현대중공업 | 206,000 | ▼2,001 | -0.96% | 5,000 | 76,000 | 156,560 | 7,500 | 8.52 | 27 |
| 6 | KB금융 | 35,800 | ▼450 | -1.24% | 5,000 | 356,351 | 127,574 | N/A | N/A | 4 |
| 7 | 신한지주 | 31,750 | ▼350 | -1.09% | 5,000 | 396,199 | 125,793 | 500 | N/A | 7 |

## SMIC, 서울대학교 투자연구회(www.snumidas.com)

대학 투자동아리의 웹사이트다. 그러나 그 활동 및 분석수준은 동아리를 넘어서고 있다. 수년 전 《한국형 가치투자 전략》, 《가치투자가 쉬워지는 V차트》 등의 책을 펴낸 최준철, 김민국 현 VIP 투자자문 대표가 거쳐간 동아리이기도 하다. 2008년 《서울대 투자연구회의 성공 투자노트》라는 책을 발간하여 다시 한 번 그들의 연구성과를 발표한 바 있다.

아직은 때묻지 않은 그들만의 기준으로 작성한 기업 및 산업 분석 리포트가 게재되어 있다. 증권사의 리포트에 식상한 사람들에게는 신선한 접근법을 제공한다.

# 기타 유료 사이트

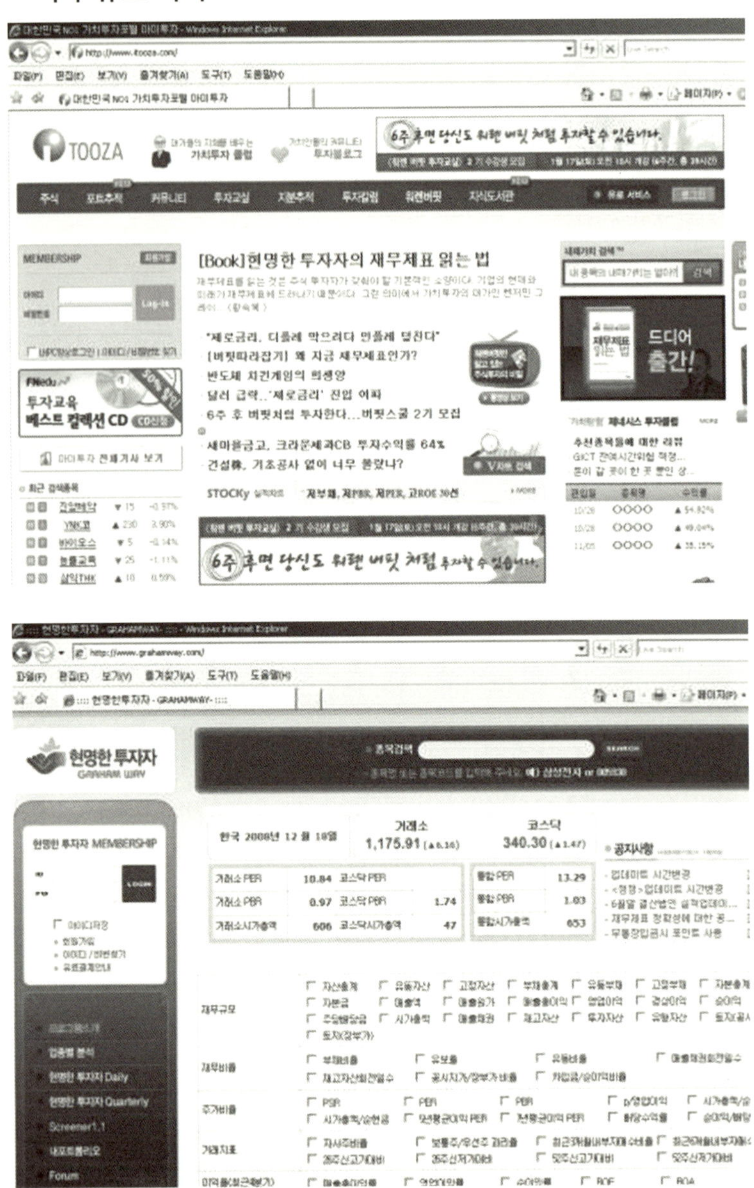

아이투자(www.itooza.com), 현명한투자자(www.grahamway.com) 등의 유료 사이트가 있다. 부분적으로 무료로 제공하는 콘텐츠도 있으니 한 번씩 둘러보는 것도 좋을 듯하다.

'아이투자'에서는 순이익, 영업-재테크, 자산가치, 효율성, 주주가치에 대한 V차트(재무제표에 나타난 기업가치를 그래프화한 차트)를 제공하고 있어 투자지표의 수년간 변화 추이를 파악하는 좋은 자료가 된다.

'현명한투자자' 사이트는 투자지표 기준을 복합적으로 적용하여 해당 조건을 충족시키는 기업을 선별적으로 검색할 수 있다는 장점이 있어 처음에 많은 기업을 일일이 찾아봐야 하는 수고를 덜어준다.


## 증권사 리서치 자료

증권사마다 리서치센터를 운영하고 투자종목에 대한 분석과 평가를 발표하고 있다. 한 가지 단점이 있다면 매도 의견을 보이는 증권사가 없다는 점이지만 리포트에 인용되는 데이터나 전망은 어느 정도 참고해도 좋을 것이다.

한 가지 유의해야 할 점은 그 리포트의 유효기간이 짧다는 점이다. 리포트가 장기 투자자들을 위해 쓰인 것이 아니라는 점을 고려하고 읽는다면 많은 도움을 받을 수 있다.

# 정말 바쁜 투자자들은 인덱스 펀드에 가입하라

생업에 종사하느라 도저히 투자공부를 할 시간이 없다는 사람들이 있다. 또한 책 제목만 보고 아예 나에게 100만 원을 줄 테니 수년, 수십 년 동안 잘 굴려달라는 친구도 있었다. 100만 원만 있어도 가치투자를 시작할 수 있다는 내용이지 달랑 100만 원만 들고 모든 것을 다 할 수 있다는 뜻은 아니지 않은가?

어쨌든 투자와 경제에는 정말 문외한이어서 직접투자를 하기 어렵다는 분들을 위해 가장 간단한 해결책을 제시한다. 그것은 인덱스 펀드다. 간접투자면서도 시장의 움직임을 잘 따라가는 투자상품이기 때문이다.

최소한의 보수(0.4% 수준)를 지급하는 ETF를 사든가 아니면 자산운용사에서 판매하는 저비용(1% 수준)의 인덱스 펀드에 가입하면 아무런 신경 안 쓰고 안전하고도 적절한 투자생활을 할 수 있다. ETF인 KODEX200의 경우 시가총액 순위 100위 안에 드는 자산규모를 가지고 있으며, 거래량도 많은 편이라 사기도 쉽고 팔기도 쉽다.

단, 인덱스라는 이름은 있지만 채권 등의 다른 투자상품과 섞어서 파는 인덱스 펀드들이 있다. 순수 주식형 인덱스 펀드를 고르길 바란다. 또한 위험분산 차원에서 해외투자를 고려 중인 분들도 수수료가 저렴한 해외 인덱스 펀드에 눈길을 돌려보면 좋은 투자가 될 수 있다.

## 중요한 기업을 먼저 분석하라

무작정 기업편람을 펼쳐 들거나 언론에 자주 언급되는 기업부터 살펴보는 것이 나쁜 방법은 아니지만 사람을 쉽게 지치게 한다. 1,800개는 결코 작은 숫자가 아니다. 초보 투자자들이 기업 분석을 시작할 때 가진 열정을 오랫동안 유지하지 못하는 이유가 바로 끝이 보이지 않을 것 같은 막막함 때문이다.

기업에 접근하는 방법은 많다. 그러나 체계적으로 접근하는 방법은 많지 않다. 아무리 꼼꼼하게 기업을 찾아본다 하더라도 시장에 존재하는 기업을 빠뜨리지 않고 조사했는가 하는 점은 항상 불안감으로 남는다. 그러므로 정확한 방법론을 익힌 후 기업을 들여다보는 것이 효율적이다.

투자자에게 시간이 많다면 여유 있게 하루에 한두 기업씩 분석하면 그보다 더 정확하고 꼼꼼한 분석은 없겠지만 한두 기업에 매달리는 사이 다른 기업이 더 좋은 실적을 올리거나 조사기업의 사업내용 및 실적이 변해버린다면 분석 자체가 무의미해진다.

따라서 분석은 가능한 한 짧은 시간 안에, 효율적으로(효과적으로가 아니다) 이루어져야 한다. 미처 분석하지 못하고 지나치는 기업이 발생하더라도 그 기업을 분석하지 않은 분명한 이유가 있다면 자신의 분석이 타당성을 지닌다. 반대로 자신이 이 기업을 왜 선택했는지 분명한 이유를 알고 있다면 자신이 직접 한 분석은 힘을 받는다.

다른 사람의 분석을 자신의 투자에 활용하는 일은 분석내용도 검증해야 하지만 분석을 한 사람까지도 검증해야 하는 이중의 노력이 필요하다. 내가 이 정보를 얻기 위해 돈을 지불했으니까 올바른 분석 결과를 손에 넣을 수 있을 거라는 생각은 버리는 것이 좋다.

주식시장을 하나의 동물원으로 생각해보자. 동물원 안에는 1,800여 종의 동물들이 서식한다. 그 동물들 중 덩치가 큰 동물도 있고, 아주 작은 동물도 있다. 모든 동물을 조사할 수 없다면 가장 중요한 동물부터 조사하자.

스티븐 코비가 쓴 《소중한 것을 먼저 하라》에 소개된 이야기가 있다. 항아리에 물, 모래, 자갈, 바위를 채우라는 문제가 있는데, 항아리에 물을 붓고, 모래를 넣고, 자갈을 넣고, 바위를 넣으면 처음에 넣은 물과 모래는 항아리에서 넘쳐난다. 혹은 나중에 넣어야 할 바위를 넣지 못하는 경우가 발생한다. 이때 해결책은 반대로 하는 것이다. 가장 먼저 바위(가장 중요한 일)를 넣고, 그 틈새에 자갈을 넣고, 모래를 넣고, 물을 부으면 항아리에서 어떤 것도 넘쳐나지 않고 모두 채워 넣을 수 있다.

기업을 분석하는 노력도 동일하다. 가장 중요한 기업부터 분석하는 것이 순서다. 중요한 기업은 곧 경제 전반에 영향력이 큰 기업이다. 결국 규모가 큰 기업이 많은 영향력을 미친다고 보아도 큰 무리는 없을 것이다.

산업을 분석할 때도 큰 산업에서 작은 산업으로, 큰 산업 내에서도 큰 기업에서 작은 기업으로 분석의 순서를 잡는다면 투입하는 분석시간 대비 분석의 성과가 높아진다.


## 두 가지 접근, 두 가지 분석

기업을 바라보는 시각은 두 가지가 있다. 가계, 기업, 정부 등의 개별 경제주체로서 바라보는 미시적 접근법과 전체 경제의 일부분으로 바라보는 거시적인 접근법, 두 가지가 있다. 중요한 점은 기업을 바라볼 때 이 두 가지 접근법을 항상 균형 있게 견지해야 한다는 점이다. 헬리콥터 뷰처럼 거시경제와 미시경제에 대한 균형 있는 시각이 무엇보다 중요하다.

개별 기업에 투자하고자 하는 투자자는 미시적 분석에 깊이 접근해야 한다. 거시적 접근에만 머무를 투자자라면 시장 전체를 사는 인덱스 펀드를 추천하며, 산업분석에만 머무를 투자자라면 섹터 펀드를 추천한다. 아는 만큼 보이는 법이다.

미시적 접근법은 두 가지 분석방법을 가지고 있다. 기업 측면에서 바라보았을 때 같은 시기의 다른 기업과 비교하는 횡단적 분석(타 기업과의 비교)과 동일 기업의 과거와 현재, 혹은 지속적인 변화 추세를 살펴보는 종단적 분석(과거와의 비교)이 있다.

이를 그림으로 표현하면 다음과 같다.

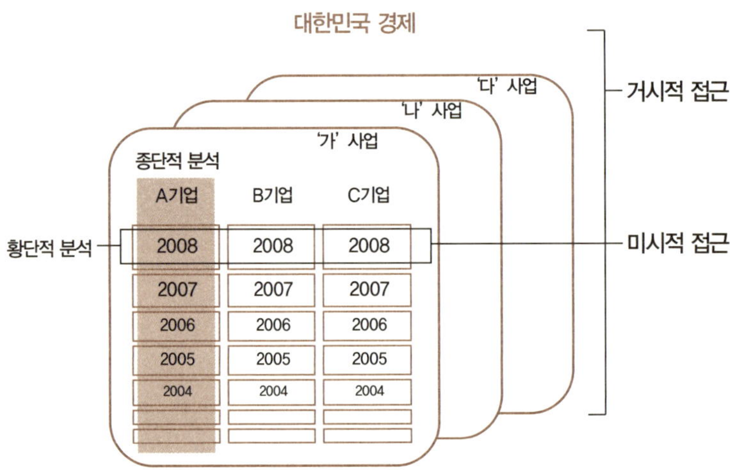


대한민국 경제는 많은 산업군으로 이루어져 있다. 어업, 광업, 음식료업, 의류업, 통신업, 기계산업, 전기전자산업, 조선산업, 자동차산업 등 수많은 산업이 국가 경제를 이루고 있다. 한국 경제를 이해하기 위해서는 각 산업의 특성을 알아야 한다. 물론 한국 경제에 영향을 미치는 대외변수(원자재, 원유, 환율, 국제관계 등) 역시 파악해야 할 중요한 거시경제 변수이기도 하다.

각 산업군에는 여러 기업이 존재한다. 그 기업을 분석하는 것은 미시적인 접근이다. 동시대에 존재하는 기업들의 성과를 비교하는 횡단적 분석은 각 기업의 현재 상황을 객관적으로 드러낸다. 또한 한 기업이 수년 동안 이룬 성과를 분석하면 그 기업의 체질을 알 수 있다. 올해 그 기업의 성과가 단기적인 것인지, 체질이 개선되어 드러난 장기적인 성장세인지 분간할 수 있는 기초 자료를 제시한다.

"나무를 보지 말고 숲을 보라"는 말이 있다. 기업분석에서도 놓쳐서는 안 되는 말이다. 나무를 베는 역할이 투자자에게 맡겨진 임무지만 숲 전체를 항상 염두에 두어야 한다.

그뿐만 아니라 숲에서 가장 좋은 위치에 놓인 나무이며 동시에 오랜 기간 잘 성장해서 조밀한 밀도를 가진 나무를 찾기 위해서는 앞에서 사용된 횡단적 · 종단적 접근법을 함께 사용해야 한다.


## 산업별 분류


유가증권 시장과 코스닥 시장에서 모두 1,800여 개 기업의 주식이 거래되고 있다. 그 기업들 중 유가증권 시장의 시가총액은 코스닥 시장보다 13배나 크다. 반면 기업수는 775개(947종목)로 코스닥 시장의 1,033개 기업(1,049개 종목)의 75%에 불과하다.

분석이 힘을 얻기 위해서는 코스닥 시장에 등록된 기업들까지 모두 분석하는 것이 좋겠지만 효율성을 위해 유가증권 시장에 상장된 기업들만 살펴보기로 한다.

앞에서 1,800여 개나 되는 기업을 단번에 분석한다는 것이 얼마나 시간이 걸리고 성가신 일인지 살펴보았다. 가나다 순서로 기업을 분석하는 일은 상당한 인내심을 요구한다. 더욱 큰 약점은 각 기업 간에 일관성이 없기 때문에 업종별·산업별 특징 등을 파악하기가 쉽지 않다는 사실이다. 따라서 산업별 분석은 이러한 약점을 해소할 수 있을 뿐만 아니라 기업을 분석하는 시간을 단축시키고, 분석의 질도 높아진다.

산업 간의 경계를 구분 짓는 기준은 기업이 제품(서비스)을 생산하기 위해 사용하는 주요 자원과 그것을 가공하여 수익을 올리는 방법이다. 1차 산업은 수확한 자원을 그대로 혹은 최소한의 가공과정을 거쳐 소비자에게 제공하지만, 2차 산업은 그 자원을 물리적·화학적으로 변화시켜 그것에 더 많은 부가가치를 투여한다. 3차 산업은 2차 산업에서 가공된 제품을 제공하는 방식이다. 제품을 운송하고, 판매하고, 보관하는 사업을 통해 수익을 창출한다.

3차 산업에서 중요한 부분은 무형의 서비스다. 방송(콘텐츠), 통신(정보), 교육 등의 무형 자원은 지식산업이라는 이름의 새로운 성장동력으로 자리 잡고 있어 이에 대한 높은 관심이 필요하다.

학교에서는 1차, 2차, 3차 산업의 간편한 구분만으로 산업을 분류했지만, 실전에서는 조금 더 많은 요소로 산업을 분류해보자. 한국표준산업분류에 따라 유가증권 시장의 기업들을 분류하면 다음과 같은 카테고리를 지을 수 있다.

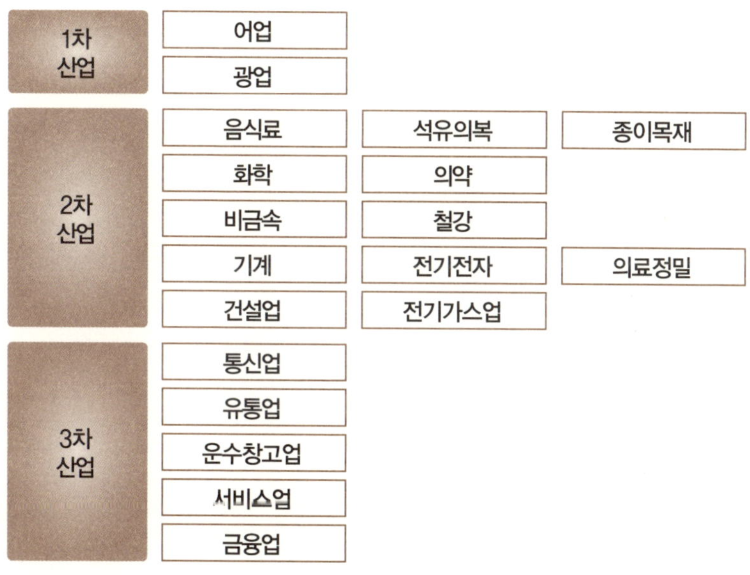


이 분류에 맞추어 KOSPI200에 포함된 기업을 각각의 산업으로 구분해보자. (2010년 3월 변경 기준)

## 1차 산업

■어업 : 해당 기업 없음

■광업 : 해당 기업 없음

## 2차 산업

■음식료(16개 사)

남양유업, 농심, 대상, 대한제당, 대한제분, 롯데삼강, 롯데제과, 빙그레, 삼양사, 삼양제넥스, 오뚜기, 오리온, 두산, 롯데칠성

음료, KT&G, CJ제일제당

## ■ 섬유의복 (4개 사)

경방, LG패션, 인디에프, 한섬

## ■ 종이목재 (6개 사)

무림페이퍼, 무림P&P, 세하, 한국제지, 한솔제지, 퍼시스

## ■ 화학(석유 포함) (28개 사)

석유 : S-Oil, SK에너지

화학 : 금호석유화학, 남해화학, 대한유화공업, 동부하이텍, 삼성정밀화학, 아모레퍼시픽, 애경유화, SK케미칼, LG생활건강, LG화학, OCI, 웅진케미칼, 유니드, 제일모직, 카프로, KP케미칼, 코오롱, 태광산업, KPX케미칼, KPX화인케미칼, 한화, 한화석유화학, 호남석유화학, 효성, 후성, 휴켐스

## ■ 의약 (17개 사)

광동제약, 녹십자, 대웅제약, 동아제약, 동화약품공업, 부광약품, 삼진제약, LG생명과학, 영진약품공업, 유한양행, 일동제약, 일성신약, 일양약품, 종근당, 중외제약, 한독약품, 한미약품

## ■ 비금속(고무, 플라스틱 포함) (14개 사)

고무, 플라스틱 : 금호타이어, 넥센타이어, 동아타이어, 율촌

화학, 한국타이어

비금속 : 동양메이저, 삼광유리, 쌍용양회공업, 아세아시멘트, 조선내화, KCC, 전기초자, 한일시멘트, 현대시멘트

■ 철강(1차 금속 포함)(12개 사)

고려아연, 고려제강, 대한제강, 동국제강, 동부제철, 세아베스틸, 세아제강, 영풍, 유니온스틸, POSCO, 현대제철, 현대하이스코

■ 기계(금속가공, 자동차, 트레일러, 조선 포함)(31개 사)

금속가공 : 두산중공업, 성진지오텍, 엔케이, 한국카본

기계장비 : 대경기계기술, 두산인프라코어, 세원셀론텍, 신도리코, 신성홀딩스, STX엔진, 웅진코웨이, S&TC, 한라공조, 현대엘리베이터, KC그린홀딩스, 삼성엔지니어링

자동차 및 트레일러 : 기아자동차, 동양기전, 모토닉, 세방전지, S&T대우, S&T중공업, 케이씨오에너지, 현대모비스, 현대자동차

기타운송장비 : 대우조선해양, 삼성중공업, STX조선, 현대미포조선, 한진중공업, 현대중공업

■ 전기전자(15개 사)

전자 : 대덕전자, 대덕GDS, 동원시스템즈, 삼성SDI, 삼성전기, 삼성전자, 삼영전자공업, SKC, LG디스플레이, LG전자, 하이닉스, 한솔LCD

전기 : 금호전기, 대한전선, LS산전, LS

■의료정밀(2개 사)
삼성테크윈, 한국단자

■건설업(6개 사)
금호산업, 대림산업, 대우건설, GS건설, 현대건설, 현대산업
개발

■전기가스업(2개 사)
한국가스공사, 한국전력공사

## 3차 산업
■통신업(2개 사)
SK텔레콤, KT

■유통업(7개 사)
대우인터내셔널, 삼성물산, SK네트웍스, LG상사, 롯데쇼핑, 신
세계, 현대백화점

■운수창고업(5개 사)
한진해운홀딩스, 현대상선, 대한통운, 대한항공, STX팬오션

■ 서비스업(7개 사)

SBS, 제일기획, 에스원, 대교, 강원랜드, 엔씨소프트, NHN

■ 금융업(지주회사 포함)(25개 사)

은행 및 금융지주 : KB금융, 대구은행, 부산은행, 기업은행, 외환은행, 신한금융지주, 우리금융지주, 하나금융지주, 한국금융지주

카드 : 삼성카드

보험 : 삼성화재

증권 : 대우증권, 미래에셋증권, 삼성증권, 우리투자증권, 현대증권

지주회사 : CJ, SK, STX, LG, GS, KISCO홀딩스, 태평양, 하이트홀딩스, 한진중공업홀딩스

위의 산업분류를 보면 대한민국 경제가 어느 분야에 특화되어 있는지 알 수 있다. 신문에서 늘 보는 조선, 자동차, 철강, 전자, 화학 등의 산업 분야에 얼마나 많은 기업이 분포해 있는지 다시 한 번 놀라게 된다.


## 시가총액으로 본 유가증권 시장

800여 개 상장기업 중 KOSPI200 종목만을 소개한 것은 이 기

업들이 유가증권 시장의 전체 시가총액 중 약 80%를 차지하고 있기 때문이다. 80:20의 법칙대로 상위 20%에 해당하는 기업들의 시가총액이 전체의 80% 정도를 차지한다. 더욱 자세히 분석하면 다음과 같다.

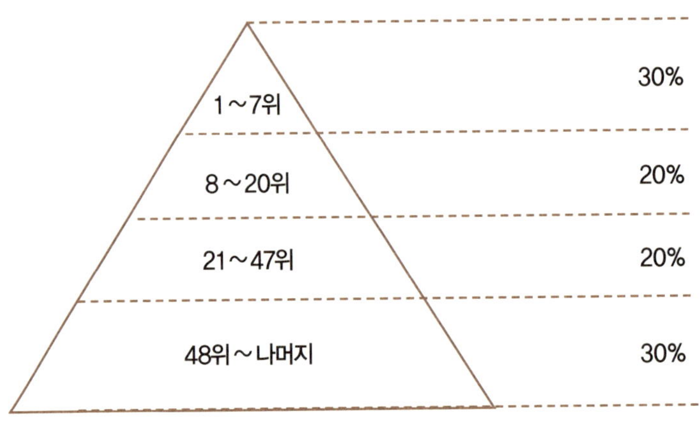


유가증권 시장 전체 시가총액의 30%를 삼성전자, POSCO, 현대자동차, 한국전력, KB금융, 신한지주, 현대중공업의 총 일곱 개 기업이 차지하고 있다. 그 범위를 50%로 높이면 20개 기업이 있다. 유가증권 시장의 775개 기업 중 2.58%에 해당하는 20개 기업이 전체 시장의 절반을 차지하고 있는 셈이다.

결국 대한민국 경제는 100개 대형주, 또는 KOSPI200 기업이 이끌고 간다. 투자수익률이 좋아지려면 대한민국 경제가 살아나야 한다고 믿는 분들은 상위 100여 개 종목의 실적이 좋아져야 대한민국 경제가 좋아진다고 보아도 좋다.

경기동향에 무관하게 수익을 얻고자 하는 투자자라면 대형주를 대상으로 투자하기보다는 중소형주에 투자할 가능성이 크다. 대형주는 이미 성숙한 시장에 속한 기업이기 때문에 단기간의 실적급등을 거두기 어렵다고 보며, 실적의 움직임도 전체적인 경기동향과 맞물린다고 생각하기 때문이다.

그러나 중소형주도 결국은 대한민국 경제 안에서 활동하는 기업 중 하나에 불과하다. 게다가 대형주의 그늘에서 완전하게 자유로울 수 없는 사업구조로 되어 있기 때문에 경기 변동에 대형주보다 더욱 극심하게 반응한다는 점을 인지해야 한다.

다시 말해 대형주에 투자하는 투자자라면 단기적인 주가 급등락에 의한 시세차익을 바라지 않는 것이 좋다. 만일 그 이상의 수익률을 올리고자 한다면 대형주보다 안전성이 떨어지는 소형주에 투기적 투자를 하는 수밖에 없다. 그러나 이는 투기적인 속성이 강하기 때문에 원금의 안전성 및 수익 발생 가능성 모두 장담할 수 없다. 철저히 분석한다고 투기가 투자로 둔갑하는 것은 아니다.

투자의 정의에서 설명했듯 원금의 안전성보다 수익을 중시하는 것은 투기에 불과하다. 자금규모도 작고 투자지식도 부족한데 한탕을 노리는 개인 투자자들은 소형주에 집중하는 경향이 강하고, 개인을 대상으로 한 투자정보 업체에서 제공하는 추천주들도 소형주가 많다.

그들의 주장은 이렇다. 1,000원짜리 주식은 3,000~4,000원으로 오를 수 있지만, 10만 원짜리 주식은 30~40만 원으로 오르기 어렵다고 한다. 이는 투자자들의 심리에 근거한 분석이다. 이러한 분석에 기반을 둔 투자는 모두 투기라는 사실을 누차 설명했기에 더 이상 말하지 않겠다.

대형주는 주가가 단기간에 급등하지 않는다는 것을 알기 때문에 단기 시세차익을 노리는 개인 투자자들은 대형주에 관심을 두지 않는 경우가 많다. 그러므로 개인 투자자들은 단기 급등락이 심한 중소형주에 단기 투자하여 주가의 상투(꼭지점)를 잡거나 기관 및 외국인 투자자들과의 실탄 싸움에서 밀려 큰 손실을 입는 경우가 빈번하다. 그들은 변명처럼 '기관은 정보를 선점하기 때문에 주식시장에서 이길 수가 없다' 고 한다.

누누이 말했듯이 투자는 정보의 문제가 아니라 투자자의 자세 문제다. 투기적인 심리, 즉 수익에만 매달리는 자세로 투자에 임한다면 개인 투자자들은 지금까지 그래왔던 것처럼 앞으로도 기관 투자가들에게 이용당하는 형국이 재연될 것이다.

소형주가 절대 다수를 차지하는 코스닥 시장의 개인 투자자 비율은 90%를 넘는다. 이들의 대부분은 기업의 실적을 바탕으로 한 가치투자를 하기보다는 테마주와 작전주에 치중한 단기 투자에 골몰하고 있다. 코스닥 시장이 전체 시장의 신뢰를 얻지 못하는 이유도 바로 여기에 있다.

개인 투자자들은 대형주에 투자하지 않더라도 대형주의 실적에 늘 눈길이 머물러 있어야 한다. 그들이 곧 한국 경제이고, 경제 전반에 걸쳐 상당한 영향력을 행사하고 있기 때문이다.

## 대형주에 집중하는 이유

'대형주와 중소형주 중 어떤 주식이 투자대상으로 적합한가?' 라는 질문에 대한 답은 앞에서 어느 정도 제시했다. 유가증권 시장과 코스닥 시장 중에서 또 구분한다면 규모 면에서나 투자자금의 질 측면에서 유가증권 시장이 상대적으로 낫다. 유가증권 시장 안에서도 시가총액을 기준으로 1~100위를 대형주, 101~300위를 중형주, 301위 이하를 소형주로 구분한다. 이 가운데 대형주에 해당하는 100개 기업만을 대상으로 분석을 시작해보기로 한다.

소형주, 즉 규모가 작은 기업도 좋은 실적을 내는 기업이 있다. 하지만 규모가 작은 기업은 주가 변동폭이 대형주보다 클 뿐만 아니라 외부 환경 변화에 극심하게 반응하기에 투자보다는 투기의 환경을 더 많이, 자주 제공한다.

미국의 성공한 가치투자자들은 잘 알려지지 않은 중소형 기업을 발굴하여 시장수익률을 초과하는 성과를 거두었다. 그러나 미국의 투자환경과 한국의 투자환경은 다르다. 미국은 자체적으로 2억 5,000만 명이라는 내수시장이 있지만 우리에게는 5,000만 명도 안 되는 시장이 있을 뿐이다.

피터 린치나 워런 버핏이 탐내는 기업은 우리나라의 중소기업과 같은 형태(대기업 납품구조 혹은 중간재 형태를 공급하는 사업모델을 가진 기업)의 기업은 아니다. 그들이 주목한 기업은 자생력을 가진 기업이다. 자생력이 있다는 말은 그들 스스로 접근할 수 있는 시장이 있다는 의미다. 이를 독점권이나 진입장벽으로 해석해도 좋다.

한국의 중소기업은 시장 접근능력이 부족하다. 자금 부족, 마케팅 능력 부족을 이유로 대부분의 중소기업 제품은 OEM 방식으로 대기업의 브랜드를 붙여 시장에 진출하거나 대기업에 납품한다. 브랜드 계약기간이 끝나 그 제품이 노 브랜드 제품, 혹은 자체 브랜드 제품으로 시장에 나갈 때는 이미 소비자들의 외면을 받을 때다.

또한 우리나라 중소기업에는 미국의 내수시장 같은 넓은 시장이 없다. 이는 외부의 환경 변화를 흡수할 수 있는 완충재가 없다는 이야기다. KIKO로 인해 수백 개의 중소기업이 심각한 위기를 겪을 수밖에 없었던 것은 그러한 사실을 잘 드러내준다.

내수보다는 해외시장 개척이 우리 중소기업의 당면과제이다 보니 환율 변동에 취약할 수밖에 없고, 설익은 정부당국의 정책은 가뜩이나 면역력이 부족한 한국 중소기업에 독감 바이러스를 주입하는 꼴이 되었다.

안정적인 투자를 위해서는 대기업에 집중할 수밖에 없다. 그것이 현실이다. 저평가된 기업을 발굴하여 장기간 보유하면 좋은 투자성과를 올릴 수 있다. 그러나 숨어 있는 기업의 잠재적인 역량을 발굴하기 위한 시간과 노력에 비해 얻게 될 성과를 비교해 보자. 더구나 지금 당신은 초보자다. 그것을 기억해야 한다.

남을 이길, 특히나 시장을 이길 생각을 하고 투자를 하면 안 된다. 그저 시장을 따라가겠다는 겸손한 투자자세가 필요하다. 어느 시기에 이를 때까지 투자대상은 대형주 100개 종목 안에서 머물러야 한다.

벤저민 그레이엄이 《증권분석》에서 투자대상으로 적합하다고 한 것은 국공채, 지방정부의 채권, 혹은 매우 우량한 기업이 발행한 채권 또는 우선주뿐이었다. 보통주의 경우에도 전환사채 등 워런트가 붙은 증권을 투자적격으로 판단하는 등 매우 보수적으로 투자대상을 한정시켰다.

그는 증권을 세 가지로 분류했다.[36]

| I 투자등급의 채권과 우선주 |
| --- |
| II 투기적 성격의 채권과 우선주 |
|     A. 전환사채 등 |
|     B. 투자등급이 낮은 기업이 발행한 선순위 증권 |
| III 보통주 |

그레이엄은 보통주를 투기적 성격의 채권보다 안전성이 더 낮은 투자대상으로 간주하고 있다. 우리보다 더 큰 시장(15배 정도)에서 성공한 투자자가 제시하는 투자대상의 범위가 이러한데, 한국 증권시장에서 어떤 기업을 투자적격으로 삼아야 할 것인가는 분명하다.

지금의 시대상황은 벤저민 그레이엄이 투자하던 때와는 많이 달라졌다. 기업 시스템에 대한 안전성도 증가했고, 기업의 위험을 분산시킬 수 있는 장치도 준비된 상황에서 그레이엄 시대의 투자기준을 그대로 가져와 사용하는 것은 적절하지 않다.

그러나 한 가지 분명한 것은 증권을 발행한 주체(기업 또는 정부)가 얼마나 안정적인가, 우량한가를 따지는 것은 투자의 기본이라는 사실이다. 어떠한 완화된 잣대를 들이밀어도 투기등급의 소형주는 투자대상에 포함될 수 없다. 그 이유를 실증적으로 살펴보자.


## 시가총액 규모별 투자지표 분석

다음 실적 평균은 ㈜에프엔가이드에서 제공한 2009년 결산 실적을 바탕으로 작성되었으며, 시장지표는 2010년 3월 31일 종가를 기준으로 산출되었다.

(단위 : %)

| | 안정성 지표 | | 성장성 지표 | | 수익성 지표 | |
|---|---|---|---|---|---|---|
| | 부채비율 | 유보율 | 매출액증가율 | EPS증가율 | ROA | ROE |
| 대형주 | 225 | 2,483 | 11.0 | 118.8 | 6.49 | 12.67 |
| 중형주 | 154 | 1,606 | 7.0 | 215.9 | 3.51 | 4.13 |
| 소형주 | 118 | 674 | 6.5 | 141.1 | −1.71 | −3.04 |

위의 표를 보면 대형주의 부채비율(225%)이 중형주의 부채비율(154%)보다 높다. 금융회사들의 부채비율(100개 대형주 중 금융회사는 15개 사이며, 부채비율 평균은 860%다. 200개 중형주에는 20개 사가 있고 평균은 541%)을 제외하더라도 일반 기업의 부재비율은 대형주와 중형주가 각각 111%, 109%를 차지하고 있어 대형주의 부채비율이 다소 높다.

그렇다고 중형주가 대형주보다 안전하다고 판단해서는 곤란하다. 200% 미만의 부채비율은 그다지 위험하지 않다. 부채비율이 낮을수록 좋다면 다들 무차입 경영을 하겠지만, 적절한 타인자본 사용이 자기자본수익률을 높일 수 있기 때문에 부채를 부정적으로 바라보는 태도는 지나치게 보수적이다.

오히려 적정 범위 안에서 대형주의 부채비율이 높은 점은 신용도의 문제로 해석하는 편이 좋다. 중형주보다 대형주가 신용도가 좋기 때문에 더 많은 부채를 빌릴 수 있다는 해석이 더 정확하다.

소형주는 부채비율이 가장 낮으나(118%) 29개 기업이 자본잠식 상태에 빠져 있다. 따라서 실질적인 부채비율은 더 높아질 것이며, 신용도가 대형주나 중형주에 비해 낮기 때문에 부채비율을 높이고 싶어도 높일 수가 없다.

이러한 주장의 근거는 유보율을 보면 더욱 명확히 드러난다. 유보율은 잉여금(자본잉여금+이익잉여금)을 납입자본금으로 나눈 것으로서 사내유보가 어느 정도 되어 있는지 알아보기 위한 지표다. 이 지표를 보면 대형주가 부채비율은 높지만 안정성에는 문제가 없다는 것을 확인할 수 있다.

성장성 지표를 보면, 매출액증가율은 대형 〉 중형 〉 소형의 순서지만, EPS증가율은 대형주가 가장 낮다. 그 이유는 각 그룹 중에 적자전환 또는 적자지속 기업의 개수와 관련이 있다. 대형주는 7개, 중형주는 36개, 소형주는 97개의 적자기업을 포함하고 있어 증가율 계산에서 빠졌다.

만일 적자기업을 모두 포함시켜 EPS증가율을 구하면 중형(144%) 〉 대형(102%) 〉 소형(78%) 순이 된다.

마지막의 수익성 지표는 세 그룹의 기업군에 대한 결과를 너무도 분명하게 드러낸다. 그룹 간에 거의 두 배 이상의 수익률 차이를 보이고 있으며, 소형주는 심지어 마이너스 수익률을 기록했다.

다음으로 시장가치 지표를 살펴보자.

EPS와 BPS는 기업규모 자체가 다르기 때문에 차이가 난다고 생각하고 지나가더라도 PER와 PBR의 차이는 주의 깊게 살펴보아야 한다. PER는 각각 16.9배, 31.2배, 19.2배를 기록하고 있다. 수익 대비 주가가 중소형주에서 더 높게 형성되고 있다. 중소형주가 현재 어느 정도 거품이 있다고 볼 수 있다. PBR 역시 마찬가지다. 대형주, 중형주, 소형주가 각각 1.89배, 1.34배, 0.67배를

(단위 : 원, 배, %)

| | EPS(원) | PER(배) | BPS(원) | PBR(배) | 배당률(%) | 배당수익률(%) |
|---|---|---|---|---|---|---|
| | **시장가치 지표** | | | | | |
| 대형주 | 8,170 | 16.9 | 82,464 | 1.89 | 55.01 | 1.45 |
| 중형주 | 4,063 | 31.2 | 58,744 | 1.34 | 31.21 | 2.25 |
| 소형주 | 977 | 19.2 | 19,493 | 0.67 | 16.08 | 2.73 |

보이고 있다. 시장에서 각 그룹이 얼마만큼의 성장가치, 자산가치를 갖는지가 분명해지는 대목이다.

PER를 E/P로 전환하면 각각 5.91%, 3.20%, 5.20%로 나타난다. 대형주를 투자등급의 증권이라 가정한다면, 중소형주는 투기적 성격의 증권이기 때문에 그만큼의 위험 프리미엄을 보장받아야 한다. 그러나 중소형주의 수익률은 대형주보다 낮다. 합리적인 투자상황이라면 중소형주의 수익률을 높이기 위해 주가하락이 점쳐지는 부분이다.

배당률을 보면 대형주가 55.01%, 중형주가 31.21%, 소형주가 16.08%를 기록하고 있다. 각 그룹별 격차가 가장 심한 부분이다.

한 가지 재미있는 사실은, 배당률은 각 그룹별로 두 배가량 차이를 보이는데 배당수익률은 그만큼의 차이가 나지 않는다는 점이다. 오히려 배당수익률 평균은 각 그룹 간에 큰 차이가 없다. 지금까지 살펴본 지표 중에서 가장 차이가 나지 않는다. 이것이 뜻하는 바는 결국 시장은 그들이 얻을 수 있는 수익만큼 가격을 낮춘다는 사실이다.

앞의 표들에서 확인한 수익성 차이 및 배당금의 차이 등을 보면 가격은 실적에 따라 변동한다는 점을 확인할 수 있다. 따라서 시장은 적정한 수익을 얻을 수 있도록 주가를 재조정한다. 투자자들에게 돌아가는 직접적인 이익인 배당수익률의 그룹별 실적 차이가 상당히 줄어든 것이 그 증거다. 결론적으로는 기업의 실적이 나빠져 배당이 적어지니까 그만큼 주가가 하락했다고 해석할 수 있다.

채권처럼 이자율이 높아지면 채권가격이 하락하듯이 주식도 배당수익률(또는 E/P)을 높이기 위해 주가가 하락한다. 하락폭이 소형주에서 상대적으로 더 큰 이유는 소형주가 대형주에 비해 안정성 및 수익성이 낮아서 투자자들이 더 높은 위험 프리미엄을 요구하기 때문이다.

향후 수년 안에 경기가 회복되고 기업실적이 회복되는 시기가 돌아오리라 생각한다. 그러나 그때에도 역시 주가는 대형주부터 오른다. 이때 트리클 다운 효과(Trickle Down Effect : 대기업의 성장을 촉진하면 덩달아 중소기업과 소비자에게도 혜택이 돌아가 전체적으로 경기를 활성화시킨다는 경제이론)가 발생하면 중형주 및 소형주에도 영향을 미쳐 증시 전체가 크게 업그레이드된다. 경기회복의 가장 큰 수혜자는 대기업이지 그 혜택이 중소기업부터 오지 않는다는 뜻이다.

만일 대기업의 성장이 하부까지 전달되지 않거나 경기회복이 단기간에 끝난다면 소형주와 대형주의 수익성 및 주가 차이는 더욱 커진다.

부동산 시장의 가격 변화도 이와 유사하다. 부동산 가격상승은 강남의 아파트에서 시작하여 지방의 부동산으로 퍼져나간다. 반대로 가격하락은 지방의 부동산에서 시작하여 마지막에는 강남권으로 도달한다.

이는 소득의 양극화와도 밀접하게 연관되어 있다. 이것을 개선하는 과제는 정치권에 맡겨져 있으나 이를 인식하는 정치인이 얼마나 될지 의문이다.

## 순위 산출을 위한 가정

투자를 처음 시작하는 초보 투자자들과 기업분석에 많은 시간을 들이지 못하는 부업 투자자들이 기본적으로 거쳐야 하는 부분이 대형주라는 사실은 지금까지의 분석을 통해 상당 부분 공감하리라 생각한다.

여기에서 다시 한 번 인덱스 펀드를 떠올려보자. 100개의 기업을 사는 것만으로도 한국 경제의 70% 이상을 커버할 수 있다는 사실은 앞에서 언급한 바 있다. 특별한 분석방법과 특정 산업군에 대한 전문지식이 없는 투자자라면 100개의 기업으로 구성된 인덱스 펀드에 지속적으로 돈을 넣어두는 것만으로도 충분한 투자가 된다. 만일 그 이상의 수익률과 분석을 원하는 투자자라면 100개의 기업을 다시 쪼개어보자.

시가총액 상위 100개 기업을 분석해보자. 이 분석을 위해 사용한 기업실적은 ㈜에프엔가이드에서 제공한 2009년 실적자료를 이용했으며, 시장가치 지표에 사용된 배당률 및 배당수익률은 네이버 증권의 2010년 3월 31일 종가 자료를 이용했다.

이 분석을 통해서는 분석방법만 배우기 바란다. 왜냐하면 시장가치 지표에는 주가가 포함되어 있어 이 책을 읽는 시점에는 무의미한 데이터가 되어 있을 것이기 때문이다.

단지 기업의 실적을 어떤 기준과 방법으로 체계화하고, 순위를 부여하여 투자적격 등급을 판정하는지 그 과정만 초보 투자자들이 경험해보았으면 하는 바람이다. 이와는 다른 방식으로 기업을 분석해온 분들은 그저 자신과는 다른 방법을 쓰는구나 하는 정도로 보아주었으면 한다.

지금까지 설명한 수익성, 성장성, 안정성, 시장가치 지표에 따라 기업의 순위를 매겨본다. 지표별로 1위부터 100위까지 순위를 매겨보고, 각 지표별 순위를 합산하여 종합순위를 산출했다(이 순위는 지면 관계상 30위까지만 소개한다).

순위 산출을 위해서는 몇 가지 가정이 필요한데, 그 가정은 다음과 같다.

1. 한 순위 간의 격차(1위와 2위)는 동일 지표 내에서, 지표간에서 같은 가치를 갖는다. 만일 1위는 5.0, 2위는 2.0, 3위는 1.0이라면 1~2위 차이(3.0)와 2~3위 차이(1.0)는 다르다. 그러나 1위는 3점, 2위는 2점, 3위는 1점을 얻는 방식으로 각 순위 사이에

동등한 계급차를 가진다. 이렇듯 수치적 차이는 무시하고 계급적인 차이만 인정하여 순위를 매긴다.

2. 각 지표별 중요도는 동일하다고 가정한다. 부채비율 순위와 EPS 순위, 매출액증가율 순위를 모두 동등한 비중으로 인정한다. 투자자에 따라서는 부채비율은 참고사항 정도로 삼고, PER나 PBR에 더 많은 비중을 두어 투자결정을 내릴 수 있다. 그러나 이 분석은 샘플 분석이므로 그러한 가중치는 투자자별 변수로 남겨둔다.

## 시가총액 순위

〈표 1〉의 시가총액 순위는 2010년 3월 31일 종가를 기준으로 했다.

## 2009년 실적 순위

〈표 2〉는 2009년 실적을 이용하여 시가총액 상위 100개 기업의 순위를 매긴 것이다. 부채비율은 낮을수록 높은 순위에 랭크되어 있다. 또한 금융기업은 일반기업과 기업구조가 다르기 때문에 부채비율을 비교하지 않고, 순위에서도 제외했다.

(단위 : 억 원)

| 순위 | 기업명 | 시가총액 |
| --- | --- | --- |
| 1 | 삼성전자 | 1,203,436 |
| 2 | POSCO | 462,090 |
| 3 | 현대차 | 254,419 |
| 4 | 한국전력 | 235,455 |
| 5 | KB금융 | 210,175 |
| 6 | 신한지주 | 209,596 |
| 7 | 현대중공업 | 180,120 |
| 8 | LG전자 | 167,068 |
| 9 | 하이닉스 | 157,736 |
| 10 | LG화학 | 157,394 |
| 11 | 현대모비스 | 146,989 |
| 12 | LG디스플레이 | 143,842 |
| 13 | SK텔레콤 | 141,305 |
| 14 | 우리금융 | 132,993 |
| 15 | KT | 122,723 |
| 16 | LG | 122,516 |
| 17 | SK에너지 | 112,346 |
| 18 | 신세계 | 101,281 |
| 19 | 기아차 | 99,284 |
| 20 | 두산중공업 | 96,015 |
| 21 | 롯데쇼핑 | 95,698 |
| 22 | 삼성물산 | 94,356 |
| 23 | 외환은행 | 87,385 |
| 24 | 삼성화재 | 86,696 |
| 25 | NHN | 86,630 |
| 26 | 삼성전기 | 86,271 |
| 27 | KT&G | 85,808 |
| 28 | 기업은행 | 81,081 |
| 29 | 대한생명 | 76,344 |
| 30 | 하나금융지주 | 74,042 |

## 시장가치 지표 순위

〈표 3〉은 2010년 3월 31일 종가를 기준으로 한 시장가치 지표 순위다. PER와 PBR는 숫자가 낮을수록 투자가치가 높아지기 때문에 수치의 역순으로 순위를 매겼다.


## 종합 순위

〈표 4〉는 기업실적 지표와 시장가치 지표를 종합한 순위다.

1위가 2위보다 더 투자에 적합하다고 생각하지는 말자. 상위 그룹에 있는 이상 그것으로 투자 충분조건은 충족시킨 셈이다. 전체 760여 기업 중 상위 30개, 대한민국 경제의 50%를 차지하는 기업들을 산다고 생각하고 투자하면 그것으로 충분하다.

표 2

| 실적<br>순위 | 기업명 | 부채<br>비율 | 유보율 | 매출액<br>증가율 | EPS<br>증가율 | ROA | ROE |
|---|---|---|---|---|---|---|---|
| 1 | 엔씨소프트 | 7 | 9 | 5 | 6 | 2 | 3 |
| 2 | LG | 2 | 58 | 7 | 22 | 3 | 16 |
| 3 | 삼성전자 | 14 | 6 | 17 | 21 | 19 | 33 |
| 4 | 아모레퍼시픽 | 12 | 16 | 21 | 34 | 11 | 25 |
| 5 | 현대모비스 | 21 | 35 | 23 | 31 | 8 | 14 |
| 6 | NHN | 18 | 10 | 61 | 41 | 1 | 1 |
| 7 | 한전KPS | 13 | 11 | 52 | 30 | 9 | 20 |
| 8 | 한국타이어 | 24 | 20 | 48 | 2 | 17 | 26 |
| 9 | GS | 10 | 55 | 1 | 1 | 24 | 48 |
| 10 | LG화학 | 28 | 40 | 38 | 23 | 4 | 6 |
| 11 | 고려아연 | 6 | 25 | 54 | 26 | 7 | 22 |
| 12 | 강원랜드 | 9 | 29 | 53 | 36 | 5 | 17 |
| 13 | 호남석유 | 29 | 26 | 3 | 88 | 6 | 13 |
| 14 | 글로비스 | 47 | 13 | 56 | 25 | 13 | 11 |
| 15 | LG생활건강 | 39 | 60 | 25 | 28 | 10 | 4 |
| 16 | LG전자 | 49 | 47 | 30 | 9 | 22 | 18 |
| 17 | CJ제일제당 | 51 | 21 | 33 | 4 | 39 | 30 |
| 18 | 웅진코웨이 | 43 | 30 | 43 | 40 | 14 | 15 |
| 19 | 농심 | 25 | 14 | 31 | 24 | 37 | 56 |
| 20 | KCC | 30 | 7 | 41 | 17 | 44 | 63 |
| 21 | 유한양행 | 4 | 28 | 50 | 54 | 21 | 45 |
| 22 | 에스원 | 16 | 15 | 69 | 60 | 18 | 29 |
| 23 | 기아차 | 57 | 81 | 27 | 3 | 27 | 19 |
| 24 | 삼성엔지니어링 | 78 | 75 | 13 | 33 | 16 | 2 |
| 25 | 우리금융 | 11 | 83 | 2 | 14 | 42 | 67 |
| 26 | LS산전 | 46 | 76 | 62 | 20 | 12 | 5 |
| 27 | 하이트맥주 | 72 | 33 | 4 | 19 | 51 | 44 |
| 28 | 현대차 | 34 | 38 | 67 | 16 | 29 | 39 |
| 29 | 현대중공업 | 67 | 19 | 49 | 55 | 30 | 8 |
| 30 | 현대백화점 | 31 | 39 | 55 | 44 | 25 | 37 |

| 가치<br>순위 | 기업명 | EPS | BPS | PER | PBR | 배당<br>수익률 | 배당률 |
|---|---|---|---|---|---|---|---|
| 1 | KCC | 4 | 3 | 26 | 16 | 15 | 8 |
| 2 | 현대미포조선 | 15 | 12 | 3 | 9 | 20 | 22 |
| 3 | 현대중공업 | 7 | 10 | 7 | 33 | 37 | 19 |
| 4 | 호남석유 | 8 | 15 | 1 | 17 | 42 | 35 |
| 5 | 농심 | 11 | 7 | 34 | 32 | 24 | 16 |
| 6 | CJ제일제당 | 12 | 11 | 22 | 49 | 34 | 18 |
| 7 | SK | 39 | 9 | 47 | 2 | 17 | 33 |
| 8 | GS | 44 | 43 | 10 | 8 | 10 | 42 |
| 9 | POSCO | 3 | 5 | 56 | 55 | 36 | 9 |
| 10 | 제일기획 | 13 | 14 | 51 | 79 | 9 | 6 |
| 11 | 삼성전자 | 2 | 2 | 44 | 65 | 56 | 10 |
| 12 | 효성 | 27 | 23 | 15 | 26 | 43 | 45 |
| 13 | 삼성화재 | 21 | 25 | 33 | 72 | 27 | 1 |
| 14 | 고려아연 | 10 | 16 | 17 | 61 | 49 | 27 |
| 15 | 롯데제과 | 1 | 1 | 67 | 7 | 85 | 21 |
| 16 | 롯데쇼핑 | 9 | 4 | 42 | 12 | 81 | 38 |
| 17 | 두산 | 32 | 35 | 38 | 50 | 19 | 25 |
| 18 | SK에너지 | 35 | 20 | 53 | 41 | 25 | 28 |
| 19 | LG화학 | 14 | 26 | 30 | 85 | 38 | 20 |
| 20 | 하이트맥주 | 25 | 21 | 57 | 70 | 18 | 23 |
| 21 | CJ | 41 | 30 | 29 | 18 | 46 | 50 |
| 22 | LG전자 | 20 | 36 | 19 | 71 | 35 | 34 |
| 23 | 한화석화 | 64 | 70 | 4 | 4 | 5 | 68 |
| 24 | 현대제철 | 19 | 24 | 8 | 29 | 72 | 66 |
| 25 | 한국가스공사 | 54 | 32 | 49 | 6 | 32 | 51 |
| 26 | LG | 30 | 44 | 12 | 59 | 40 | 44 |
| 27 | 대우조선해양 | 55 | 73 | 6 | 24 | 14 | 60 |
| 28 | 현대차 | 24 | 29 | 31 | 58 | 53 | 41 |
| 29 | 삼성카드 | 46 | 52 | 32 | 53 | 13 | 40 |
| 30 | 동부화재 | 52 | 88 | 5 | 60 | 22 | 11 |

| 종합순위 | 기업명 | 실적순위 | 가치순위 |
| --- | --- | --- | --- |
| 1 | KCC | 20 | 1 |
| 2 | 호남석유 | 13 | 4 |
| 3 | 삼성전자 | 3 | 11 |
| 4 | GS | 9 | 8 |
| 5 | 농심 | 19 | 5 |
| 6 | 고려아연 | 11 | 14 |
| 7 | CJ제일제당 | 17 | 6 |
| 8 | LG | 2 | 26 |
| 9 | 현대중공업 | 29 | 3 |
| 10 | LG화학 | 10 | 19 |
| 11 | 엔씨소프트 | 1 | 66 |
| 12 | 현대미포조선 | 53 | 2 |
| 13 | 현대모비스 | 5 | 31 |
| 14 | 아모레퍼시픽 | 4 | 38 |
| 15 | LG전자 | 16 | 22 |
| 16 | 강원랜드 | 12 | 33 |
| 17 | 제일기획 | 34 | 10 |
| 18 | 한국타이어 | 8 | 47 |
| 19 | POSCO | 43 | 9 |
| 20 | 롯데쇼핑 | 36 | 16 |
| 21 | 하이트맥주 | 27 | 20 |
| 22 | 효성 | 42 | 12 |
| 23 | SK | 54 | 7 |
| 24 | 삼성화재 | 44 | 13 |
| 25 | 두산 | 37 | 17 |
| 26 | 현대차 | 28 | 28 |
| 27 | CJ | 38 | 21 |
| 28 | 한전KPS | 7 | 64 |
| 29 | 롯데제과 | 57 | 15 |
| 30 | 한화석화 | 45 | 23 |

앞에서는 대형주의 2009년 실적과 주가를 바탕으로 한 기업 순위를 횡단적으로 살펴보았다.

여기에서는 앞서 소개된 실적 상위 30개 기업에 대한 종단적 분석을 하고자 한다. 종단적 분석이란 기업의 수년 동안의 실적을 분석하는 방법이다. 최근의 우수한 실적도 중요하지만 그 실적이 깜짝 실적이라면 장기적인 성장을 기대할 수 없기 때문에 그 기업의 체질을 살펴보고자 종단적 분석을 실시한다.

따라서 최소한 최근 5개년도의 실적(워런 버핏은 10년의 실적을 활용하라고 했으며 많은 가치투자자들은 최소 5개년의 실적추이를 살펴본 후 투자에 임하라고 한다)을 분석하고 이를 순위화하여 소개한다. 〈표 5〉의 순위 선정에 대한 가정은 앞서 소개한 횡단적 분석의 가정과 동일하다.

각 지표별로 분석방법이 다르다.

1. EPS와 BPS, 유보율은 2003년부터 2009년까지 연평균 성장률을 구했다. 단, 2003년의 실적이 전년도 및 후년도 실적과 현격한 차이가 나는 경우 그 전년도인 2002년의 EPS를 이용하여 8년 평균치를 구했다(LG가 이에 해당함).
2. ROE는 7년 평균 ROE를 산출했다.
3. 부채비율은 2003년 수치에서 2009년 수치를 차감하여 부채비율이 7년 동안 얼마나 증가(감소)했는지 그 크기를 비교했다.
4. 배당금은 7년간이 평균 금액을 산출했고, 배당수익률은 7년 평균 배당금을 2010년 3월 31일 종가로 나누었다.

여러 차례 설명했듯이 이 순위는 단지 앞에서 설명한 투자지표들을 순위화한 것에 불과하다. 투자자의 지식, 투자목적, 외부 환경 등의 요인을 종합적으로 판단하여 각 지표에 가중치를 부여하거나, 특정 지표를 추가 및 삭제하는 등 투자자 고유의 노력이 가미되어야만 자신의 투자 포트폴리오를 완성할 수 있다.

| 종단 순위 | 기업명 | EPS 성장률 | BPS 성장률 | 배당금 | 배당 수익률 | ROE | 부채 비율 | 유보율 |
|---|---|---|---|---|---|---|---|---|
| 1 | 현대중공업 | 1 | 6 | 4 | 8 | 6 | 8 | 10 |
| 2 | 현대모비스 | 10 | 2 | 10 | 17 | 2 | 5 | 2 |
| 3 | LG화학 | 7 | 5 | 8 | 18 | 3 | 3 | 7 |
| 4 | SK텔레콤 | 22 | 1 | 1 | 1 | 4 | 6 | 23 |
| 5 | LG전자 | 9 | 4 | 12 | 15 | 9 | 4 | 8 |
| 6 | 롯데쇼핑 | 3 | 3 | 14 | 23 | 19 | 2 | 6 |
| 7 | POSCO | 18 | 8 | 2 | 10 | 7 | 15 | 13 |
| 8 | 삼성전자 | 16 | 10 | 3 | 11 | 5 | 19 | 15 |
| 9 | 기업은행 | 13 | 20 | 23 | 5 | 14 | 1 | 5 |
| 10 | LG | 2 | 14 | 18 | 19 | 13 | 9 | 9 |
| 11 | 신한지주 | 11 | 12 | 16 | 12 | 15 | 16 | 11 |
| 12 | 신세계 | 14 | 9 | 11 | 26 | 8 | 13 | 12 |
| 13 | KT&G | 19 | 17 | 5 | 3 | 11 | 14 | 26 |
| 14 | 우리금융 | 4 | 13 | 25 | 13 | 16 | 24 | 1 |
| 15 | LG디스플레이 | 21 | 7 | 24 | 21 | 10 | 11 | 3 |
| 16 | SK에너지 | 5 | 18 | 6 | 7 | 22 | 28 | 17 |
| 17 | KT | 23 | 21 | 9 | 2 | 18 | 7 | 28 |
| 18 | 현대차 | 20 | 19 | 13 | 16 | 17 | 10 | 16 |
| 19 | 외환은행 | 29 | 11 | 19 | 4 | 12 | 12 | 30 |
| 20 | 삼성화재 | 8 | 25 | 7 | 14 | 20 | 27 | 20 |
| 21 | 삼성물산 | 6 | 22 | 20 | 22 | 25 | 17 | 18 |
| 22 | 하나금융지주 | 17 | 23 | 17 | 9 | 23 | 25 | 19 |
| 23 | NHN | 12 | 26 | 28 | 28 | 1 | 23 | 24 |
| 24 | 하이닉스 | 25 | 16 | 29 | 29 | 30 | 18 | 4 |
| 25 | 기아차 | 15 | 27 | 26 | 20 | 21 | 22 | 21 |
| 26 | 한국전력 | 26 | 30 | 15 | 6 | 28 | 26 | 27 |
| 27 | 두산중공업 | 30 | 15 | 21 | 24 | 26 | 29 | 14 |
| 28 | 삼성전기 | 28 | 24 | 22 | 25 | 29 | 20 | 22 |
| 29 | KB금융 | 24 | 28 | 27 | 27 | 27 | 21 | 25 |
| 30 | 대한생명 | 27 | 29 | 30 | 30 | 24 | 30 | 29 |

앞에서 한 횡단적 · 종단적 분석이 기업분석의 전부는 아니다. 오히려 기업분석의 기초 단계 정도가 끝났다고 보아야 한다. 왜냐하면 이 정도의 분석은 프로그램으로 얼마든지 도출할 수 있는 수준이기 때문이다. 투자는 인간의 영역이라 했다. 기계를 통해 걸러진 기업들을 더 심층적으로 분석해야만 좋은 투자성과를 거둘 수 있다.

지금까지의 분류와 분석을 통해 1,800여 기업이 30개 남짓의 기업으로 줄어들었다. 이제는 각 기업의 사업보고서, 증권사의 리포트, 언론보도 등을 검색해서 읽어보자. 이 정도 개수의 사업보고서도 읽지 못한다면 다시 맨 처음의 인덱스 펀드로 돌아가는 것이 좋은 방법이다.

기업을 분석하고, 주식을 가치보다 낮은 가격에 매수하고, 고평가된 기업이 있다면 기다리고, 시간을 들여 가치 이하로 거래되던 기업이 제 가치를 찾아가도록 기다리며, 지속적인 성장동력을 가진 우량한 기업이 성장해가는 것을 지켜보는 이 모든 과정이 투자다.

그러나 앞에서도 보았듯이 좋은 기업이 항상 투자적격 대상은 아니다. 주가가 고평가되어 있다면 가격이 가치 이하에서 거래될 때까지 매수를 기다려야 한다. 그러기 위해서는 투자자가 분석, 발굴한 기업을 세 가지 그룹으로 나눈다.

- A그룹 : 주가가 저평가되어 있어 여유자금이 있다면 언제라도 매수하고 싶은 기업, 또는 핵심 역량이 있고 발전 가능성이 커 가격이 고평가되어 있어도 언제라도 매수하고 싶은 매력적인 기업
- B그룹 : 우량기업이긴 하지만 고평가되어 있어 가치 이하로 내려올 때까지 기다려야 하는 기업
- C그룹 : 우량기업은 아니지만 단기 성장세가 높아(기업 측면 및 산업 측면) 이 성장세가 지속되면 A나 B그룹에 편입할 수 있는 잠재력을 가진 후보 기업

꼭 이러한 기준이 아니더라도 자신만의 견해를 가지고 기업을 구분하고 시장을 예의 주시하자. 분기마다 발표하는 기업실적을 꾸준히 업데이트하는 것은 기본이며, 주가의 변화에 대해서도 관심을 가지고 매수시기를 살펴보자. 실적분석을 통해 그룹에 새롭게 편입할 종목, 퇴출당할 종목을 결정하고, 가격 변동을 통해 그

룹 내에서 매수·매도시기를 결정하는 잣대로 활용한다.

　여기까지가 내가 해야 할 몫이다. 투자를 잘 모르거나 편견을 갖고 있던 여러분에게 투자의 진정한 정의를 소개하고, 가치투자가 왜 여러분에게 안전한 수익을 올려주는지 설명하는 것은 나의 몫이다.

　이제부터는 여러분의 몫이다. 스스로 해야 한다. 본래 투자는 가진 자의 전유물이다. 가지지 못한 이가 할 수 있는 일이 아니다. 그렇지만 늘 투자를 고민하고 연습해야 한다. 부자가 되기 위해서는 부자의 길을 걸어야만 한다. 독자 여러분의 투지에 건승을 기원한다.

　알프레드 D. 수자(Alfred D. Suja)의 '사랑하라, 한 번도 상처받지 않은 것처럼' 이라는 시를 패러디하며 글을 마치고자 한다.

춤추라, 아무도 바라보고 있지 않은 것처럼.
사랑하라, 한 번도 상처받지 않은 것처럼.
노래하라, 아무도 듣고 있지 않은 것처럼.
일하라, 돈이 필요하지 않은 것처럼.
살라, 오늘이 마지막 날인 것처럼.

**투자하라, 한 번도 실수하지 않은 것처럼.**

1 박영규 · 주효근(성균관대학교 교수), 2008년 8월 13일, 자산운용협회 세미나

2 조선일보, 2008년 9월 23일

3 박용미, 2008, 〈Global Fund Focus〉, 동양종금증권

4 이용재, 2008, 《주식시장을 움직이는 탐욕과 공포의 게임》, 지식노마드

5 상투가 머리 꼭대기에 있는 것을 빗대어, 맨 꼭대기 가격에서 주식을 매수하여 손실을 보는 것을 '상투 잡는다' 라고 표현한다.

6 특정 지수의 자산구성을 따라가는 펀드. 예) KOSPI200, S&P500 등의 지수를 추종하여 설계된 펀드.

7 펀드매니저가 종목을 발굴하여 운용하는 펀드.

8 서울대학교, 2005~2008 지역별 신입생 학업성취도

9 고승덕, 2002, 《주식강의 01》, p.54, 개미들출판사

10 고승덕, 2002, 《주식강의 01》, p.55~59, 개미들출판사

11 앙드레 코스톨라니(저), 김재경(역), 2001, 《돈, 뜨겁게 사랑하고 차갑게 다루어라》, p.270~274, 미래의 창

12 이도윤 · 강철준, 2002, 《자산운용 I》, 한국금융연수원

13 윌리엄 오닐(저), 박정태(역), 2004, 《성공하는 주식투자의 5단계 원칙》, 굿모닝북스

14 Price on Book-value Ratio : 주가순자산배율

15 Price Earning Ratio : 주가수익배율

16 브루스 그린왈드(저), 이순주(역), 2002, 《밸류 인베스팅(Value
Investing)》, p.33, 국일증권경제연구소

17 벤저민 그레이엄 · 데이비드 도드(저), 박동욱 · 하상주(역), 1934,
《증권분석》, 국일증권경제연구소

18 버핏은 1995년에 개인적으로 마이크로소프트 주식을 100주 구입한
다. 그것은 사업적인 목적이라기보다는 개인적인 친분관계에서 비
롯한 것이다.

19 앤드류 킬패트릭(저), 안진환 · 김기준(역), 2008, 《워런 버핏 평전
(v.1)》, p.339, 윌북

20 홍영복, 2008, 《재무관리(제2판)》, p.420, 블루칩

21 앤드류 킬패트릭(저), 안진환 · 김기준(역), 2008, 《워런 버핏 평전
(v.2)》 p.37, 윌북

22 피터 린치(저), 한국신용평가㈜ 평가부(역), 1995, 《전설로 떠나는 월
가의 영웅》, 국일증권경제연구소

23 참고서적
 -메리 버핏 · 데이비드 클라크(저), 최준철(역), 2005, 《워런 버핏의 실
  전주식투자》, 이콘
 -앤드류 킬패트릭(저), 안진환 · 김기준(역), 2008, 《워런 버핏 평전
  (v.1~2)》, 윌북
 -벤저민 그레이엄 · 데이비드 도드(저), 박동욱 · 하상주(역), 1934,
  《증권분석》, 국일증권경제연구소
 -벤저민 그레이엄 · 데이비드 도드(저), 박길수(역), 1951, 《증권분석
  (제3판)》, 리딩리더

-벤저민 그레이엄(저), 박진곤(역), 2007, 《현명한 투자자(제4판)》, 국
일증권경제연구소

-마크 티어(저), 손태건·박진곤(역), 2006, 《워런 버핏과 조지 소로스
의 투자습관》, 국일미디어

24 참고서적

-피터 린치(저), 한국신용평가㈜ 평가부(역), 1995, 《전설로 떠나는 월
가의 영웅》, 국일증권경제연구소

-피터 린치·존 로스차일드(저), 권성희(역), 2008, 《피터 린치의 이기
는 투자》, 흐름출판

25 《증권투자로 돈버는 비결》은 왜 투자를 해야 하는가에 대한 기초적
인 지식을 담고 있기에 투자원칙이나 기법에 관심 있는 투자자에게
는 적절한 책이 아닐 수 있다.

26 참고로 그는 투자에 성공할 만한 개인적 자질로 자제하며 견디는 참
을성, 자기 자신에 대한 신뢰, 정상적으로 분별할 수 있는 상식, 고
통을 감내하는 아량, 편견 없는 마음, 쉽게 흔들리지 않는 냉정함,
끈기 있게 버티는 지속성, 자신에 대한 겸손, 상황에 따른 유연성,
독자적 조사분석을 하려는 자발성, 실수를 기꺼이 시인하는 자세,
일상적인 혼란을 무시할 수 있는 능력 등을 제시했다.

27 필립 피셔(저), 박정태(역), 2005, 《위대한 기업에 투자하라》, 굿모닝
북스

-필립 피셔(저), 박정태(역), 2005, 《보수적인 투자자는 마음이 편하
다》, 굿모닝북스

28 필립 피셔(저), 박정태(역), 2005, 《위대한 기업에 투자하라》, p.158,
굿모닝북스

29 참고서적

　-존 보글(저), 강남규(역), 2002, 《투자의 정석》, 국일증권경제연구소

　-존 보글(저), 이건(역), 2007, 《모든 주식을 보유하라》, 비즈니스맵

30 참고서적

　-게리 무어(저), 박정태(역), 2002, 《존 템플턴의 영혼이 있는 투자》,
　굿모닝북스

　-존 템플턴(저), 박정태(역), 2003, 《템플턴 플랜》, 굿모닝북스

　-로버트 허만(저), 박정태(역), 2004, 《존 템플턴(월가의 신화에서 삶
　의 법칙으로)》, 굿모닝북스

31 메리 버핏 · 데이비드 클라크(저), 최준철(역), 2005, 《워런 버핏의 실
　전주식투자》, 이콘

32 머니투데이, 2008년 3월 16일자

33 마이클 모바신(저), 정명수(역), 2006, 《미래의 투자》, 위즈덤하우스

34 한국은행 경제통계 시스템(http://ecos.bok.or.kr/) 자료 인용

35 매일경제, 2008년 12월 11일자, 요즘 새로 뜨는 주식투자기법

36 벤저민 그레이엄 · 데이비드 도드(저), 박동욱 · 하상주(역), 1934,
　《증권분석》, p.90, 국일증권경제연구소

중앙경제평론사
중앙 생 활 사

**Joongang Economy Publishing Co./Joongang Life Publishing Co.**

**중앙경제평론사**는 오늘보다 나은 내일을 창조한다는 신념 아래 설립된 경제 · 경영서 전문 출판사로서
성공을 꿈꾸는 직장인, 경영인에게 전문지식과 자기계발의 지혜를 주는 책을 발간하고 있습니다.

100만원으로 시작하는  실전 가치투자

초판 1쇄 발행 | 2011년 1월 27일
초판 2쇄 발행 | 2011년 1월 29일

지은이 | 지윤석(Yoonseok Jee)
펴낸이 | 최점옥(Jeomog Choi)
펴낸곳 | 중앙경제평론사(Joongang Economy Publishing Co.)

대      표 | 김용주
책 임 편 집 | 작업공간
본문디자인 | 작업공간

출력 | 국제피알   종이 | 타라유통   인쇄 · 제본 | 태성문화사

잘못된 책은 바꾸어 드립니다.
가격은 표지 뒷면에 있습니다.

ISBN 978-89-6054-080-4(13320)

등록 | 1991년 4월 10일 제2-1153호
주소 | ㈜100-789 서울시 중구 왕십리길 160(신당5동 171) 도로교통공단 신관 4층
전화 | (02)2253-4463(代) 팩스 | (02)2253-7988
홈페이지 | www.japub.co.kr 이메일 | japub@naver.com | japub21@empas.com
♣ 중앙경제평론사는 중앙생활사 · 중앙에듀북스와 자매회사입니다.



▶홈페이지에서 구입하시면 많은 혜택이 있습니다.

※ 이 도서의 **국립중앙도서관** 출판시도서목록(CIP)은 e-CIP 홈페이지(www.nl.go.kr/cip.php)에서
이용하실 수 있습니다.(CIP제어번호: CIP2010004796)